VOICE TRAINING

임유정의
목소리
트레이닝

VOICE TRAINING

임유정의
목소리
트레이닝

임유정 지음

원앤원북스

훈련을 통해 내 몸 안에 있는
좋은 목소리를 찾자!

사람들의 목소리를 찾아주는 역할을 한 지 어느덧 10여 년이 훌쩍 넘었다. 처음에는 더듬거리는 내 목소리를 교정하기 위해, 그리고 이제는 그 노하우를 다른 사람들에게 전달하기 위해 강의하는 나를 보면 '참, 세상에는 노력하면 안 되는 것이 없구나.'라는 생각이 절로 든다.

라온제나 스피치 아카데미에 오는 분들이 내게 제일 많이 하는 질문은 "정말 어렸을 적에 말을 조금 더듬으셨어요?"다. 난 그럼 그냥 웃으며 이렇게 대답한다. "아니요. 말을 조금 더듬지 않았어요. 아주 많이 더듬었어요."라고 말이다. '결핍'만큼 좋은 동기부여제는 없다고 하지 않는가! 난 어렸을 적 말을 더듬거

렸다는 것을 절대 창피해하지 않는다. 그러한 결핍이 지금의 나를 만들어주었으니까!

그다음으로 많이 듣는 질문은 바로 "목소리가 정말 바뀔까요?"다. 그럼 난 또 대답한다. "아니요. 목소리는 바뀌는 것이 아닙니다. 정말 좋은 진짜 목소리는 원래 내 몸 안에 있어요. 그런데 우리는 그걸 사용하는 방법을 모르는 것뿐이에요. 제가 하는 역할은 내 몸 안에 있는 좋은 목소리를 찾아내는 것뿐입니다. 그러니까 목소리를 '바꾼다'가 아니라 '찾는다'라고 표현하는 것이 맞습니다."

그렇다. 목소리는 바뀌는 것이 아니라 찾는 것이다. 내 몸을 활용한 목소리 사용법만 배운다면 얼마든지 사람들의 마음을 울릴 수 있는 좋은 목소리를 얻을 수 있다.

많은 사람들이 자신의 목소리를 찾고 싶어한다. 그래서 스피치 아카데미에 등록해 보이스 트레이닝 과정을 수강한다. 처음 『성공을 부르는 목소리 코칭』을 출간했을 때 직원들의 반대가 심했다. "원장님, 이렇게 많은 것들을 책에 노출하시면 어떻게 해요. 그럼 다른 사람들도 이 자료를 이용해 강의를 하게 될 거예요."

하지만 난 전혀 개의치 않았다. 내가 알고 있는 것을 더 많은 사람들과 나눈다면 그것만큼 행복한 일이 없지 않은가! 내가 아나운서와 쇼핑호스트라는 직업을 버리고 '강사'라는 길을 선택한 것도 내가 알고 있는 지식을 다른 사람들과 나누고 싶다고 생각했기 때문이다. 지금 내가 책을 통해 이렇게 지식을 나누는 것이 절대 아깝거나 마음 아프지 않다. 나는 그저 내게 주어진 소명의식(calling)에 따라 일을 하고 싶을 뿐이다.

처음 목소리 책을 내고 나서 좀더 체계적인 목소리 트레이닝 책을 원하는 분들이 많다는 것을 알게 되었다. 사실 조금은 고민하기도 했다. 내가 알고 있는 지식이 세상에 더 노출된다는 것에 약간의 두려움을 느꼈다. 하지만 이 책이 세상에 알려져 있을 때는 난 더 많은 것을 알고 있고 더 성숙해져 있을 것이라고 생각했다.

이 책을 읽는 독자들에게 정말 중요한 한 가지 팁을 주겠다. 목소리를 훈련할 때 목소리에 신경을 쓰지 말라는 것이다. 왜 목소리를 연습하는데 오히려 목소리에 신경을 쓰지 말아야 할까? 목소리를 만드는 것은 '숨'이다. 내가 들이마시는 숨에 따라 목소리는 달리 나온다. 숨이 성대의 위치와 양을 정하기 때문이다. 목소리가 아닌 '숨'에 집중해보자. 숨을 많이 담고 숨을 앞으로 밀어내며 연습해보자. 한결 목소리가 자연스럽게 흘러나오는 것을 느낄 것이다.

내 숨을 항상 하이 톤으로 만들고 지르게 하는 두 남자가 있다. 나도 모르게 욱하며 소리를 뿜어져 나오게 하는 우리 가온이, 시온이 쌍둥이 아들에게 이 책을 바치고 싶다. 나도 좋은 엄마 목소리를 내는 데는 더 훈련이 필요한 것 같다.

임유정

현재의 내 목소리를
녹음해보자

본격적인 목소리 트레이닝을 하기에 앞서 다음 원고 2개를 소리 내어 읽고 이를 녹음해보자. 보이스레코더나 스마트폰으로 손쉽게 녹음할 수 있다. 녹음한 파일은 지우지 말고 꼭 간직하자. 이 책을 통해 목소리 훈련을 끝내고 나서 훈련 전과 훈련 후의 차이를 입체적으로 확인할 수 있도록 말이다.

스스로의 목소리를 객관적으로 평가할 수 없다. 내가 듣는 내 소리는 굉장히 주관적이어서 '나는 목소리가 큰 것 같은데, 발음이 정확한 것 같은데…'라고 할 수 있다. 하지만 녹음해서 들어보면 '아~ 사람들이 왜 내 말을 잘 못 알아들었는지 알겠어.'라는 말이 절로 나올 것이다. 자신의 목소리를 듣는다는 건 참 어색하고 부끄럽다. 하지만 도전하라. 지금 부끄러움의 틀을 깨지 않으면 영영 진짜 목소리를 찾을 수 없을 것이다.

원고 1 ▶ 나는 좋은 목소리를 낼 수 있다.

안녕하십니까? ○○○입니다. 나는 호감 가는 목소리를 만들고 싶다.

호감 가는 목소리를 만들기 위해서는 첫째, 목소리 안에 울림이 가득해야 한다. 둘째,

소리가 동그랗게 표현되어야 한다. 셋째, 마지막으로 긍정과 열정이 가득한 리듬을 넣

어야 한다. 난 반드시 연습을 통해 좋은 목소리를 낼 수 있다.

원고 2 ▶ 특성화 고등학교 취업률 증가

과거 실업계 고등학교로 불리던 특성화 고등학교 졸업생의 취업률이 점차 늘고 있는

추세입니다. 특성화고를 선택하는 학생들의 성적과 지원율도 높아지고 있어 고무적이

라는 분석입니다. 박종혁 기자가 보도합니다.

특성화 고등학교 학생들이 수업 시간에 빵 굽기며 한식 만들기에 여념이 없습니다.

상업 전공 교실에서는 회계 관련 지식을 배우는 학생들의 눈이 초롱초롱 빛납니다.

이 학교는 몇 년 전만 해도 학생의 90% 이상이 대학에 진학했습니다. 그러나 취업률

이 2년 전 34%로 늘더니 지난해에는 57%에 달했습니다. 올해도 벌써부터 은행이나

대기업의 사무직 고졸 신입사원 채용에 합격하는 등 취업률이 65%에 이를 것으로 예

상하고 있습니다.

목소리 진단 평가표를
작성해보자

본격적인 목소리 훈련을 하기 전 자신의 음성을 진단해보자. 전 장에서 녹음한 목소리를 들으며 다음의 목소리 진단 평가표에 점수를 체크해보자. 질문에 대해 '그렇다'라고 생각할수록 높은 점수를 주면 된다.

55점 이상 당신은 정말 멋진 목소리를 가졌습니다.

45점~54점 당신은 좋은 목소리를 가졌습니다.

30점~44점 당신은 좀더 멋진 목소리를 갖기 위해서 목소리 트레이닝이 필요합니다.

20점~29점 당신은 편안하고 매력적인 자신의 목소리를 찾아야 합니다.

10점~19점 당신은 자신의 목소리를 찾아 자신감을 회복해야 합니다.

0점~9점 당신은 목소리를 내기가 많이 불편할 것입니다. 목소리 훈련이 반드시 필요합니다.

목소리(음성) 진단 평가표

발음	입모양을 정확히 벌려 말하는가?	1	2	3
	혀를 바닥에 깔면서 말하는가?	1	2	3
	첫 음절에 강한 악센트를 주었는가?	1	2	3
	"안녕하십니까?"에서 '녕'의 'ㅇ' 받침을 명확하게 소리 냈는가?	1	2	3
	'가득해야'를 '가드캐야'라고 소리 냈는가?	1	2	3
	'동그랗게'를 '동그라케'라고 소리 냈는가?	1	2	3
	'표현'을 '포현'이 아닌 '표현'이라고 소리 냈는가?	1	2	3
	'실업계'를 '시럽께'라고 정확히 소리 냈는가?	1	2	3
	'회계'를 '해계'가 아닌 '회계'라고 소리 냈는가?	1	2	3
발성	혼잣말 할 때 소리 크기가 1이라면 3 이상으로 말했는가?	1	2	3
	소리에 힘이 느껴졌는가?	1	2	3
	문장의 중요한 단어에 맞춰 강하게 악센트를 넣었는가?	1	2	3
	소리를 시작할 때 숨이 배 아래에 있었는가?	1	2	3
	말끝이 흐려지지 않고 끝까지 힘이 지속되었는가?	1	2	3
	두꺼운 중저음의 울림 목소리가 많이 느껴졌는가?	1	2	3
	자신의 몸에 맞는 톤으로 말하고 있다는 생각이 드는가?	1	2	3
	소리를 배에서 목구멍까지 위로 끌어올렸는가?	1	2	3
호흡	원고를 읽을 때 어디에 숨을 담았는지 알아차렸는가?	1	2	3
	말을 할 때 숨이 길게 쭉쭉 뽑아지는 느낌이 드는가?	1	2	3
	말을 할 때 숨이 차지 않고 자연스러운가?	1	2	3
	전체적으로 목소리가 안정되어 있다는 생각이 드는가?	1	2	3
총점	각각의 점수를 합산해 총점을 산출하세요.			
	총 21개의 문항 (63점 만점)			점

차례

1부 좋은 목소리를 위한
발음·발성·호흡 트레이닝

1장 ▸ **발음** 트레이닝

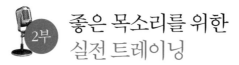

좋은 목소리를 위한
실전 트레이닝
2부

1장 ▶ **입근육** 실전 훈련

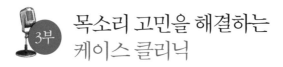

3부 목소리 고민을 해결하는 케이스 클리닉

고대 그리스 철학자 아리스토텔레스는 사람을 설득하려면 반드시 토포이가 있어야 한다고 했다. 이 토포이는 논리를 말하는 에토스, 감정을 말하는 파토스, 그리고 말하는 사람의 인격을 나타내는 에토스로 구성된다. 목소리는 에토스, 즉 인격에 해당된다. 대화를 할 때, 프레젠테이션을 할 때, 면접을 볼 때 내면의 인격을 표현하고 싶다면, 당당하고 자신감 있는 내면의 모습을 드러내고 싶다면 목소리부터 트레이닝하라. 좋은 목소리의 3요소인 발음, 발성, 호흡만 꾸준히 연습하면 여러분도 강력한 설득의 도구인 좋은 목소리를 가질 수 있을 것이다.

좋은 목소리를 위한 발음 · 발성 · 호흡 트레이닝

좋은 목소리의 첫 번째 조건은 바로 정확한 '발음'이
다. '과연 트레이닝을 한다고 해서 목소리가 변화할
까?'라고 생각하는 분이 많을 것이다. 목소리는 바
뀐다. 당연히 바뀔 수밖에 없다. 좋은 목소리는 기술
과 마음으로 만들어진다. 발음이라는 기술을 익히면
목소리는 당연히 좋아질 수 있다. 발음의 정확성은
입근육과 혀근육을 얼마나 스트레칭 하느냐에 따라
달려있다. 거울을 보고 입과 혀를 충분히 움직이며
마치 스트레칭 하듯 입을 크게 벌려보자.

voice
training

1장

발음 트레이닝

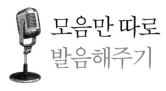

모음만 따로 발음해주기

● 훈련 포인트

모음의 음가를 잡아주자.

● 훈련 효과

우리말은 자음과 모음으로 이루어진다. 자음과 모음 중에서 발음에 절대적인 영향을 미치는 것은 바로 모음이다. 입모양을 크게 해 모음을 정확하게 소리 내는 것만으로도 발음이 한결 깨끗하고 정확해진다.

입술모양과 혀의 높이에 따른 모음 구분

입술모양 혀의 높이	혀의 앞(전설 모음)		혀의 뒤(후설 모음)	
	평평한 입술 모양 (평순 모음)	둥근 입술 모양 (원순 모음)	평평한 입술 모양 (평순 모음)	둥근 입술 모양 (원순 모음)
높다(고모음)	ㅣ	ㅟ	ㅡ	ㅜ
중간이다(중모음)	ㅔ	ㅚ	ㅓ	ㅗ
낮다(저모음)	ㅐ		ㅏ	

❶ 훈련 방법

다음의 훈련 예문을 소리 내어 읽어본 다음, 모음의 음가만 따로 떼어내 소리 내보자.

❷ 훈련 예문

여러분, 얼마 전에 제가 책을 읽다가 아주 좋은 글귀를 발견했는데요. "앎이 머리에 있으면 지식이 되고, 가슴에 있으면 지성이 되며, 그것이 사랑으로 발효돼 다른 사람에게 전달되면 지혜가 된다."라는 말이었습니다. 바로 유명한 작가 이외수 씨가 한 말인데요. 여러분, 우리는 너무나 많은 것을 지식으로만 알고 있는 것은 아닐까요? 머리가 아닌 마음으로 아는 지성과 그것

이중 모음

상향 이중 모음	'j' + 단모음	ㅑ[ja], ㅕ[jo], ㅠ[ju], ㅒ[j3], ㅖ[je]
	'W' + 단모음	ㅘ[wa], ㅝ[w3], ㅙ[w3], ㅞ[we]
하향 이중 모음	단모음 + 'j'	ㅢ[ij]

을 사람들에게 사랑으로 전할 수 있는 지혜가 필요한 시기가 요즘이 아닐까 싶습니다.

여어우, 어아 어에 에아 애으 이아아 아우 오으 으위으 아여애으에요. "아이 어이에 이으여 이이이 외오 아으에 이으여 이어이 외여, 으어이 아아으오 아요왜 아으 아아에에 어아외여 이에아 외아."아으 아이어으이아. 아오 우여아 아아 이외우 이아 아아이에요. 여어우, 우이으 어우아 아으어으 이이으오아 아오 이으 어으 아이아요. 어이아 아이 아으으오 아으 이어와 으어으 아아으에에 아아으오 어아 우 이으 이예아 이요아 이이아 요으이 아이아 이으이아.

자신이 입을 얼마나 벌리고 말하는지 잘 모르는 경우가 많다. 말할 때 자신의 얼굴을 보기가 어렵기 때문이다. 앞에 거울을 놓고 입을 크게 벌려 말하는 것을 연습해보자.

입을 크게 벌리는 사람들은 입꼬리가 위로 들려 있는 경우가 많다. 입꼬리가 힘없이 내려가 있다면 입을 크게 벌려주지 않는 것이다.

또한 이 연습을 하다 보면 '이렇게까지 입을 크게 벌려줘야 하나?'라는 생각이 들 수 있다. 하지만 발음 훈련을 할 때 입을 많이 벌려줘야 평상시 말할 때 조금이라도 입을 벌려서 말할 수 있다. 목소리 훈련의 가장 큰 적은 '어색함'이다. 크게 크게, 입꼬리에 상처가 날 정도로 입을 크게 벌려주자.

트레이닝 02

가갸거겨
발음법

● 훈련 포인트

변화하는 모음에 맞춰 정확히 발음한다. 'ㅊ, ㅋ, ㅌ, ㅍ'의 발음
은 더욱 성의껏 세게 소리를 낸다.

● 훈련 효과

자신감 없게 말하는 사람을 보면 대부분 'ㅊ, ㅋ, ㅌ, ㅍ'를 제대
로 발음하지 않는다. "차, 카, 트, 프" 하고 발음을 한번 해보자.
어떤가? 제대로 세게 'ㅊ, ㅋ, ㅌ, ㅍ'의 음이 표현되는가? 이 4가
지 자음의 발음만 잘해도 소리를 명확하게 낼 수 있다.

좋은 목소리를 위한 발음·발성·호흡 트레이닝

다음의 훈련 예문을 소리 내어 읽어보자. 이때 손거울을 앞에
두고 제대로 입을 크게 벌리면서 읽고 있는지 확인하고, 음절
안에 들어가 있는 'ㅊ, ㅋ, ㅌ, ㅍ' 표현을 명확히 해주는지 의식
하며 읽어보자.

● 훈련 예문

가 갸 거 겨 고 교 구 규 그 기
나 냐 너 녀 노 뇨 누 뉴 느 니
다 댜 더 뎌 도 됴 두 듀 드 디
라 랴 러 려 로 료 루 류 르 리
마 먀 머 며 모 묘 무 뮤 므 미
바 뱌 버 벼 보 뵤 부 뷰 브 비
사 샤 서 셔 소 쇼 수 슈 스 시
아 야 어 여 오 요 우 유 으 이
자 쟈 저 져 조 죠 주 쥬 즈 지
차 챠 처 쳐 초 쵸 추 츄 츠 치
가 갸 키 켜 고 교 쿠 큐 크 키

타 탸 터 텨 토 툐 투 튜 트 티
파 퍄 퍼 펴 포 표 푸 퓨 프 피
하 햐 허 혀 호 효 후 휴 흐 히

❌ 주의사항

'가' '갸' '거' '겨' 이렇게 천천히 하나씩 성의껏 발음하자. '가, 갸, 거, 겨'를 못 읽는 사람은 없다. '이 훈련법이 정말 내 발음을 정확하게 해줄 거야!'라는 강한 믿음을 가지고 천천히 정성껏 발음하자. 처음에는 매우 천천히 하고, 나중에는 음가가 제대로 나온다는 생각이 들면 '가, 갸, 거, 겨, 고, 교, 구, 규, 그, 기' 이렇게 한꺼번에 발음하며 속도를 내보자.

목소리는 절대 타고 나는 것이 아니다.
후천적인 노력만으로도 내 목소리를 찾아
자신 있게 말할 수 있다.

트레이닝 03
크래시아 발음법

✔ **훈련 포인트**

변화하는 모음에 맞춰 정확히 발음한다. 또한 자음의 음가도 신경 쓰면서 하나씩 정성껏 발음하자.

📊 **훈련 효과**

크래시아 발음법은 연극배우들이 주로 하는 발음 연습법으로, 발음하기 어려운 단어들을 읽어야 하기 때문에 입근육을 움직이는 데 매우 효과적이다. 크래시아 발음법을 통해 입 주변의 입근육들을 하나씩 깨우자.

❶ 훈련 방법

다음의 훈련 예문을 소리 내어 읽어보자. 이때 손거울을 앞에 두고 제대로 입을 크게 벌리고 있는지 확인하자. 방에서 혼자 연습할 때는 남의 시선을 신경 쓰지 않아도 되므로 입 주변 근육이 시원해질 정도로 크게 입을 벌리자. 또한 '로' '얄' 이렇게 하나씩 발음하면서 연습해보는 것도 좋고, '로오~' '야얄~' '마악~' 이렇게 두 음절로 소리 내어 발음하는 것도 좋다.

● 훈련 예문

로얄 막파 싸리톨

쥬피탈 캄파 큐을와

셀레우 아파쿠사

푸랜 마네푸 슈멘헤워제

깅강후리와 디다스코

바시레이아 게겐네타이

페레스테란 포로소 폰

파라클레세오스 쏘테라이스

카타루사이 마카리오스

에코루데산 디카이오수넨

플레로사이 아프스톨론

우라이노스 아휘엔타이

'로오~' '야알~' '마악~' 이렇게 하나의 음절을 두 음절로 나누어 발음 연습을 할 때 주의해야 할 점이 하나 있다. '로' '오' 이렇게 두 입모양의 소리를 끊어서 발음하는 것보다 '로오~' 이렇게 붙여서, 즉 입근육이 자연스럽게 '로'에서 '오'로 끊김 없이 이어지는 것이 좋다. 그래야 훨씬 더 많은 입근육을 움직일 수 있기 때문이다. 하나씩 정성껏 소리를 내보자. 그러면 한결 입 주변이 시원해지고 입근육이 풀어진 느낌을 받을 수 있다.

트레이닝 04

혼동하기 쉬운 모음 익히기

● 훈련 포인트

혼동하기 쉬운 모음 '에, 애, 외, 웨, 위'를 정확히 발음해보자.

● 훈련 효과

모음과 자음이 올바르게 결합될 때 제대로 된 발음이 나온다. 이때 가장 혼동하기 쉬운 모음이 바로 '에, 애, 외, 웨, 위'다. 이 6가지 모음만 열심히 훈련해도 소리가 한결 깔끔해진다.

'에'와 '애'를 헷갈려하는 분들이 많다. 쉽게 말하면 '에'는 '이'의 입모양과 비슷하다. 하지만 '애'는 '아'와 입모양이 비슷하다. 한 번 발음을 해보자. '에'보다 '애'의 입모양이 훨씬 더 크다는 것을 알 수 있다. '내가'를 발음할 때 '네가'라고 입모양을 작게 하면 안 된다. '외'는 '오 → 이'라고 발음해보자. 이때의 입모양이 바로 '외'다. '왜'는 '오 → 아 → 이'로 발음해보자. '웨'는 '우 → 어 → 이'로 차례대로 발음을 해보면 '웨'의 음가를 정확히 알 수 있다. '위'는 '우 → 이'로 차례대로 발음을 해보자.

● 훈련 예문

에	베:다, 세:다, 세:개, 제:비, 게:재, 세:상, 네:개, 제:조, 제:자
	베옷, 메밀, 체조, 네 것, 제육, 겨레, 메우다, 에이다, 메주
애	애:국가, 애:쓰다, 애:옷, 매:달, 대:학교, 대:리, 새:털, 해:방
	애기, 매매, 재주, 재판, 내리다, 생선, 재수, 대장간, 바래다
외	외교관, 외상, 외로움, 외치다, 외설, 외국, 외삼촌, 외빈, 외야석
	외숙, 외손녀, 외식, 외딸, 외지다, 외우다, 외화, 왼손, 왼편, 왼발
왜	왜, 왜 그럴까?, 왜정, 쇄골, 쇄골호흡, 왱왱 울다, 왜놈, 왜 일어나
웨	웨어, 웨스트, 웨이스트, 노르웨이, 웨이퍼, 웨트, 웬걸, 초췌한

| 위 | 위로, 위상, 위법, 위탁, 위험하다. 위인, 위장, 위신, 위선, 위조 |
| | 위생학, 위성도시, 위세, 위아래, 위도, 위계, 윗자리, 위탁 판매 |

❌ 주의사항

6개의 모음의 음가를 최대한 다르게 발음해보자. 위의 표에서
':' 표시는 길게 발음하라는 장음 표시다. 우리말에는 길게 발음
하는 장음과 짧게 발음하는 단음, 즉 장단음이 있다. 모든 장단
음을 다 기억할 수는 없더라도 이 책에 제시된 장단음만큼은 꼭
기억해서 길게 소리 내어 발음하자. 꼭 장단음을 지켜서 발음해
야 하는 것은 아니지만, 장단음을 지키면 말이 굉장히 품위 있
게 들린다.

헤어와 패션이 그 사람을 알 수 있는 1차적 이미지라면
목소리는 그 사람의 내면을 알 수 있는 2차적 이미지다.

트레이닝
05

'ㄹ' 발음
익히기

● 훈련 포인트

'ㄹ' 발음이 언제 영어 L과 R로 발음이 되는지 알 수 있다.

● 훈련 효과

'ㄹ' 발음이 잘 되지 않아 혀 짧은 소리를 내는 사람이 많다. 'ㄹ' 발음은 영어 L과 R을 너무 혀를 굴려서 발음하지 않는다면, L이나 R과 비슷한 소리가 난다. 언제 L처럼 발음하고, 언제 R처럼 발음하는지 알면 훨씬 더 정확하게 'ㄹ' 발음을 낼 수 있다.

입술이 붙었다 떨어지는 소리	ㅂ, ㅃ, ㅍ, ㅁ
치조음(치아 안쪽에 혀가 닿는)	ㄷ, ㄸ, ㅌ, ㅅ, ㅆ, ㄴ, ㄹ
경구개	ㅈ, ㅉ, ㅊ
연구개	ㄱ, ㄲ, ㅋ, ㅇ
목젖 부분	ㅎ

❶ 훈련 방법

대부분 단어의 초성에 'ㄹ'이 오면 영어 R처럼 발음한다. 그리고 단어의 종성에 'ㄹ'이 오면 영어 L처럼 발음한다. '라, 로, 리'는 단어의 초성에 'ㄹ'이 왔으므로 영어 R처럼 발음해주면 된다. 하지만 '달, 말, 발'은 단어의 끝성에 'ㄹ'이 왔으므로 영어 L처럼 발음해주면 된다.

● 훈련 예문

R	가로수, 가로, 가루, 나라, 나란 사람은
L	말, 발, 가을, 술, 술상
예외	알락달락→알낙달낙, 빨래→빨내, 덜렁이→덜넝이, 홀로→홀노
	실룩실룩→실눅실눅, 생산량→생산냥, 결단력→결딴녁 등

'ㄹ' 발음은 엄연히 말하자면 영어 과L R 발음과는 차이가 있다. 하지만 L과 R을 너무 영어식으로 혀를 구부려 발음하지만 않는다면, 우리말의 'ㄹ' 발음과 비슷하게 음가가 나온다. 영어 L 과 R 발음을 구분하지 않고 'ㄹ' 발음을 내면 혀 짧은 소리가 나온다. 참고로 'ㄹ'이 모음 사이에 있을 때는 'ㄴ'으로 발음된다는 것도 기억해두자.

트레이닝 06

자음의 동화 연습

● 훈련 포인트

자음동화만 제대로 알아도 발음 연습이 아주 쉬워진다.

● 훈련 효과

표준어 발음법만 제대로 따라 하려고 해도 너무 머리가 아프다
는 분들이 많다. 그렇다면 자음동화가 일어난 단어를 계속 소
리 내어 입에 붙도록 연습해보자. 자음동화는 어느 하나의 자음
이 바로 인접하거나 떨어져 있는 다른 자음 때문에 그와 같거나
비슷한 다른 자음으로 바뀌는 현상을 말한다. 말은 좀 어렵지만

어렸을 적부터 우리는 자연스럽게 자음동화 연습을 해왔기 때문에 그리 어려워할 필요가 없다.

❶ 훈련 방법

다음의 훈련 예문에 있는 단어들을 소리 내어 읽어보자. 그리고 이 단어가 어떻게 발음이 되는지 입이 기억할 수 있도록 계속 되뇌어보자.

● 훈련 예문

곧이듣다→고지듣따, 굳이→구지, 미닫이→미다지

땀받이→땀바지, 받이→바지

밭은→바튼, 밭에→바테, 밭을→바틀

낱낱이→난나치, 걷히다→거치다, 밭이랑→반니랑

벼훑이→벼훌치, 뚫는→뚤는(뚤른), 묻히다→무치다

담력→담녁, 침략→침냑, 강릉→강능, 항로→항노, 대통령→대통녕

백리→뱅니, 협력→혐녁, 막론→망논, 십리→심니

난로→날로, 천리→철리, 광한루→광할루, 신라→실라

칼날→칼랄, 뚫는→뚤른, 대관령→대괄령, 않는→안는

않네→안네, 닳는→달른, 물난리→물랄리, 핥네→할레

줄넘기→줄넘끼

먹는→멍는, 국물→궁물, 깎는→깡는, 키윽만→키응만

있는→인는, 굵는→궁는, 흙만→흥만, 몫몫이→몽목씨

닫는→단는, 맞는→만는, 쫓는→쫀는, 젖멍울→전멍울

붙는→분는, 밥물→밤물, 잡는→잠는, 꽃망울→꼰망울

없는→엄는, 읊는→음는, 놓는→논는, 앞마당→암마당

붙는→분는, 짓는→진는, 밟는→밤는, 횡격막→횡경막

옷 맞추다→온마추다, 밥 먹는다→밤멍는다, 입 놀리다→임놀리다

흙 말리다→흥말리다, 책 놓는다→챙논는다, 옷 마르다→온마르다

값 매기다→감매기다

당당하게 목소리를 내보자.
그럼 내가 살아 있다는 것과
내가 어떤 사람인지 알게 될 것이다.

자음의
경음화 연습

● 훈련 포인트

자음동화의 대표적인 것 중 하나가 바로 경음화다. 말하기를
할 때 경음화를 정확히 해주어야 훨씬 더 발음과 발성에 힘이
실린다.

● 훈련 효과

경음화는 연음(軟音)이 경음(硬音), 즉 된소리가 되는 현상을 말
한다. 쉽게 말하면 '국밥'이라는 단어를 '국밥'이라고 발음하지
않고 '국빱'이라고 세게 발음하는 것을 말한다. 된소리를 내야

할 때 내지 않으면 정말 발음이 어색해진다. 제대로 된 경음화 말하기로 발음에 신뢰감을 더하자.

❶ 훈련 방법

다음의 훈련 예문에 있는 단어들을 소리 내어 읽어주자. 그리고 이 단어가 어떻게 발음이 되는지 입이 기억할 수 있도록 계속 되뇌어주자.

● 훈련 예문

국밥→국빱, 깎다→깍따, 넋받이→넉빠지, 뻗대다→뻗때다

삯돈→삭똔, 닭장→닥짱, 옷고름→옫꼬름, 밭갈이→받까리

있던→읻떤, 곱돌→곱똘, 값지다→갑찌다, 꽃다발→꼳따발

덮개→덥깨, 옆집→엽찝, 낯설다→낟썰다, 넓죽히→넙쭈키

칡범→칙뻠, 꽃고→꼳꼬, 읊조리다→읍쪼리다

신고→신꼬, 껴안다→껴안따, 앉고→안꼬, 없다→언따

삼고→삼꼬, 더듬지→더듬찌, 닮고→담꼬, 젊지→점찌

넓게→널께, 핥다→할따, 훑소→훌쏘, 떫지→떨찌

갈등→갈뜽, 발동→발똥, 절도→절또, 몰상식→몰쌍식

말살→말쌀, 불소→불쏘, 일시→일씨, 불세출→불쎄출

갈증→갈쯩, 물질→물찔, 발상→발쌍, 불상사→불쌍사

발전→발쩐, 활동→활똥, 불상→불쌍, 절정시→절쩡시

할 것을→할꺼슬, 깔때가→깔때기, 할 바를→할빠를

할 수는→할쑤는, 할적에→할쩌게

할법하다→ 할뻐파다, 할지언정→할찌언정

할지라도→할찌라도, 할세라→할쎄라

할수록→할쑤록, 할 밖에→할바께, 할 걸→할껄

문고리→문꼬리, 눈동자→눈똥자, 신바람→신빠람

손재주→손째주, 물동이→물똥이, 그믐달→그믐딸

아침밥→아침빱, 초승달→초승딸, 잠자리→잠짜리

❌ 주의사항

된소리로 발음하면 안 되는 단어들도 있다. '김밥'은 '김빱'이라
고 발음해서는 안 된다. '김밥'이라고 발음해야 한다. 또한 '고가
도로'도 마찬가지다. 만약 '고가도로'를 '고까도로'라고 발음하면
'고가(高價)', 즉 비싼 도로가 된다. 높은 도로를 말하려면 '고가
도로'라고 발음해야 한다. 예전에는 '효과'와 '자장면'을 된소리
로 발음하면 안 되었다. 하지만 지금은 '효꽈'와 '짜장면'으로도
발음해도 되므로 맘 놓고 '효꽈'와 '짜장면'이라고 발음해보자.

스피치 교육은 단지 목소리를 훈련하는 것이 아니라
진정한 나 자신을 찾게 해주는 강력한 에너지가 된다.

트레이닝 08

그 외에 주의해야 할 발음

🔘 훈련 포인트

표준어 규정은 하나의 뼈대이자 기본이며 기준이라고 할 수 있다. 만약 표준어 발음법이 어려워 발음 공부를 하기 어렵다는 생각이 든다면 표준어 발음법의 규칙은 꼭 기억하지 않아도 좋다. 하지만 계속 입으로 소리 내어 정확하게 발음할 수 있도록 노력해야 한다.

만약 입과 혀가 익숙해진 다음에는 반드시 표준어 발음법 규정을 다시 한 번 보자. 그럼 어려웠던 표준어 규정이 조금은 쉽게 다가올 것이다.

● 훈련 예문

솜이불→솜니불, 홑이불→혼니불, 내복약→내봉냑

늑막염→능망념, 막일→망닐, 남존여비→남존녀비

서울역→서울력, 삯일→상닐, 직행열차→지캥녈차

신여성→신녀성, 맨일→맨닐, 국민윤리→궁민뉼리

독약→도갹, 대학야구→대항냐구, 한독약품→한동냑품, 구속영장→구송녕짱

선열→서녈, 박경숙양→바껑숭냥, 등유→등뉴, 한국영화→한궁녕화

식용→시굥, 민간요법→민간뇨뻡, 유유상종→유유상종, 실천윤리→실천뉼리

———

좋은 목소리의 두 번째 조건은 바로 '발성'이다. 발
성은 소리의 울림을 말한다. 평소 목소리가 작거나
웅얼거리는 사람들은 이 발성이 약한 경우다. 발성
이 좋으면 훨씬 더 또렷하고 중심이 잡힌 목소리를
만들 수 있다. 좋은 발성을 우리는 '공명(共鳴)'이라
고 한다. 공명은 '함께 울린다'라는 뜻으로, 내 몸을
하나의 관악기라고 생각하고 내 몸 전체를 울려 소
리를 내는 것이다. 발성을 풍부하게 하기 위해서는
반드시 입근육과 배근육이 스트레칭 되어 있어야
한다. 특히 배근육은 복식에 담긴 호흡을 끌어 올리
는 역할을 하므로 굉장히 잘 단련되어 있어야 한다.
자, 지금부터 입근육과 배근육을 신나게 스트레칭을
해보자.

voice
training

2장

발성 트레이닝

입안의 아치 넓히기
훈련

◉ **훈련 포인트**

입안의 아치를 넓히고 높이는 것만으로도 발성이 좋아진다.

◉ **훈련 효과**

발성은 소리의 크기를 말한다. 좋은 발성을 우리는 '공명(共鳴)'
이라고 말한다. 공명의 울림소리를 만들기 위해서는 기본적으
로 입안의 아치를 넓혀야 한다. 개업하는 곳에 가보면 풍선을
반원 모양으로 동그랗게 이어 놓은 장식물을 자주 볼 수 있다.
풍선이 동그랗게 이어진 모양이 바로 아치다. 아치는 입을 크게

벌렸을 때 목구멍과 목젖이 만드는 모양으로, 목젖을 위로 들어 아치의 모양을 크게 만들 때 좋은 소리가 나온다.

❶ 훈련 방법

거울을 앞에 두고 입안을 벌려 "아~"라고 소리 내보자. 만약 이때 목젖이 보이지 않으면 너무 톤이 높은 것이다. 편안한 저음으로 "아~"라고 소리를 내면 혀가 아래로 내려가며 목의 아치가 보인다. 입을 양쪽으로 더 벌린 다음 "아~"라고 다시 한 번 소리 내보자. 그러면 아치가 전보다 훨씬 넓어지고 높아진 것을 느낄 수 있을 것이다. 그다음 입모양을 더 크게 벌려 "아~"라고 소리 내보자. 그러면 훨씬 더 높고 넓어진 아치를 볼 수 있을 것이다.

● 훈련 예문

"아~아~~" 하고 소리를 내면서 조금씩 입모양을 더 크게 벌려보자.

"음~아~~" 하고 소리를 내면서 조금씩 입모양을 더 크게 벌려

보자.

"음~아~~"하고 소리를 내면서 조금씩 입모양을 더 크게 벌려
보자.

"이~아~~"하고 소리를 내면서 조금씩 입모양을 더 크게 벌려
보자.

"에~아~~"하고 소리를 내면서 조금씩 입모양을 더 크게 벌려
보자.

"와~아~~"하고 소리를 내면서 조금씩 입모양을 더 크게 벌려
보자.

"워~아~~"하고 소리를 내면서 조금씩 입모양을 더 크게 벌려
보자.

"외~아~~"하고 소리를 내면서 조금씩 입모양을 더 크게 벌려
보자.

"위~아~~"하고 소리를 내면서 조금씩 입모양을 더 크게 벌려
보자.

❌ **주의사항**

이때 입안의 아치가 반드시 보여야 한다. 만약 아치가 보이지

않는다면 톤을 너무 높게 잡았거나, 소리가 크지 않았거나, 혀가 높았기 때문이다. 더 성의껏 입안의 아치를 넓혀보자. 입안의 아치를 넓히다 보면 아치의 높이도 높아진다. 아치를 큰 동굴 입구처럼 크게 만들어보자.

트레이닝 10

혀와 턱 스트레칭 훈련

● 훈련 포인트

발성은 턱을 아래로 내리고, 그 내려간 공간에 혀가 머무를 수 있도록 해야 한다.

● 훈련 효과

발성은 소리의 크기를 말한다. 좋은 발성을 '공명(共鳴)'이라고 말한다. 공명의 울림소리를 만들기 위해서는 기본적으로 입안을 크게 해야 한다. 입안을 크게 하려면 무엇보다 턱을 아래로 내려 입안의 공간을 확보한 다음, 혀가 중간에 뜨지 않고 아래에 머무른 채 말을 해야 한다. 그래야 혀 윗부분에 울림존(zone)이 생겨 더 좋은 소리를 낼 수 있다.

❶ 훈련 방법

일단 하품을 크게 해보자. 하품을 하게 되면 턱이 최대한 아래로 내려가 입안의 공간을 확보하게 된다.

'안녕하세요.'라는 말을 '안녕하세요.'에 있는 모음 'ㅏ, ㅕ, ㅏ, ㅔ, ㅛ'를 정확히 소리 내면서 "안녕하세요."라고 말해보자.

'아'는 양치질 할 때 입모양을 아래 위로 크게 벌려주는 것과 비슷하다. 입안을 크게 벌려보자. 턱을 완전히 아래로 빼서 계란이 세워진 모양으로 입모양을 만들어야 한다.

'에'는 입을 가로로 벌려주는 입모양이다. 입꼬리가 미소 짓듯 위로 향해야 한다. 이때 혀가 입 밖으로 나와서는 안 된다. 그럼 혀 짧은 소리가 날 수 있다. 혀는 입을 벌린 상태에서 뜨지 않도록 내려준다.

'이'는 입을 가로로 쭉 찢는 느낌으로 'ㅔ'보다 입꼬리에 더 힘을 더 가한다.

'오'는 입을 모아 입술로 원을 만들어주자.

■ '아여에요'의 입모양

'아'의 입모양

'여'의 입모양

'에'의 입모양

'요'의 입모양

'우'는 오리 입처럼 입술을 앞으로 내밀어주자. 이때 윗니와
아랫니는 벌어져야 한다. 그런 상태에서 울림이 있는 '우' 소리
를 내보자.

제:조업체가 느끼는 체감 경기가 넉 달 만에 반:등한 것으로 나타났습니다.

한:국은행 조사 결과, 제조업의 이번 달 업황 기업경기실사지수, 즉 BSI는 지난달보다 1포인트 높아진 68로 나타났습니다.

석 달 연속 떨어지던 BSI가 이 달 들어 반등했지만, 글로벌 금융위기가 한창이던 2009년 4월의 67과 비슷한 수준을 보였습니다.

❌ 주의사항

이때 입안의 아치가 충분히 보이도록 가급적 혀를 내리고 발음해야 한다. 혀가 잘 내려가지 않을 수도 있다. 혀도 근육으로 되어 있어서, 내리려고 해도 내려가는 근육이 발달되어 있지 않으면 한 번에 내려가지 않는다. 계속 턱을 아래로 내려 혀가 내려갈 수 있는 공간을 만들어주고, 어색하더라도 입안을 크게 벌리면서 소리를 내보자.

내 마음을 울린 다음
다른 사람의 마음도 울려서 함께 울리는 것,
우리는 그것을 '공명'이라고 말한다.

복식호흡 연습법

◎ 훈련 포인트

소리의 모든 것은 복식호흡으로 통한다. 백번 강조해도 모자란 복식호흡의 중요성을 명심하자. 좋은 소리를 얻으려면 반드시 복식호흡으로 말하라.

◎ 훈련 효과

복식호흡은 사실 너무 쉽다. 너무 쉬워서 사람들이 잘 의식하지 못할 정도다. 우리는 원래 복식호흡을 한다. 평소 마음이 편할 때 흉식호흡을 하는 사람들은 거의 없다. 본능적으로 할 수 있는 복식호흡을 우리는 왜 훈련을 통해 다시 배워야 하는 걸까? 그것은 바로 '의식하면 잘 안 되기 때문'이다. 집에서 밥을 먹는 것은 어떤가? 참 자연스럽지 않은가? 하지만 만약 카메라가 나를 찍고 있다면 밥을 먹는 것이 자연스럽지 못할 것이다. 복식호흡을 하면 배 아래까지 숨을 깊게 담을 수 있기 때문에 소리가 풍성해진다. 그래서 훨씬 안정되고 좋은 소리를 얻을 수 있는 것이다.

❶ 훈련 방법

일단 손을 맨 아래쪽에 있는 갈비뼈와 배꼽 5cm 아래 사이에 갖다댄다. 그다음 심장 집중 호흡(heart focused breathing)을 5회 이상 실시한다. 심장 집중 호흡을 하는 방법은 구체적으로 다음과 같다.

- 배까지 숨을 깊게 5초간 들이마신 다음 다시 5초간 내쉰다. 배에 숨이 들어가는 것과 나가는 것을 천천히 느껴본다.
- 숨을 한꺼번에 들이마시고 뱉지 않도록 주의한다.
- 가슴이 아닌 배로 숨을 담고 뱉는 것을 느껴보자.

- 배까지 숨을 채운 다음 낮은 톤으로 "아~" 하고 숨이 다 나갈 때까지 소리를 내보자.
- 다시 한 번 숨을 들이마시고 조금 전보다 더 낮게 "아~" 하고 소리를 내보자. 이때 숨이 어디에 담기고 소리를 낼 때 근육의 어느 부분이 움직이는지 관찰해보자.

● 훈련 예문

배까지 숨을 깊게 들이마신 다음, 소리를 내보자.

"아~~"

"음~~"

"와~~"

"오~~"

"우~~"

❌ 주의사항

복식호흡을 할 때는 마음이 편안한 게 제일이다. 스트레스가 많

■ 누워서 하는 복식호흡

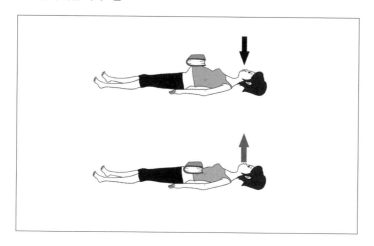

이 받거나 복식호흡을 너무 많이 의식하다 보면 자꾸 가슴에 숨이 채워진다. 즉 흉식호흡을 하게 된다. 폐에 숨이 가득 차 아래로 확장해 배까지 숨이 가득 담아지도록 마음을 편안하게 해보자. 잘 안 되면 누워서 이 훈련을 해도 좋다. 누워서 배 위에 책을 갖다놓고 숨을 깊게 들이마시고 뱉어보자. 그러면 숨을 들이마실 때 책이 올라가고, 내쉴 때 책이 내려가는 것을 느낄 수 있을 것이다.

채누보 연습법

✔ 훈련 포인트

복식호흡도 중요하지만 더 중요한 것은 복식호흡으로 명상을 하는 것이 아니라 말을 하는 것이다. 복식호흡을 할 줄 알면서도 말을 할 때는 흉식으로 하는 사람들이 많다. 소리의 시작은 배다. 이 사실을 절대 잊지 말자.

● 훈련 효과

복식호흡을 통해 말하기에 도전해보자. 이때 지켜야 하는 원칙이 바로 '채누보의 원칙'이다. 채누보는 숨을 소리로 바꾸는 원칙을 말한다.

- 채운다. 숨을 맨 아래쪽에 있는 갈비뼈부터 배꼽 5cm 아래 까지 채운다.
- 누른다. 목을 누르는 것이 아니라 배를 누르면서 조금씩 숨을 입으로 끌어올려 뺀다.
- 보낸다. 소리를 내서 멀리 보낸다. 그럼 복식호흡으로 말하는 것이 된다.

❗ 훈련 방법

심장 집중 호흡을 5회 이상 실시한다.

숨을 배까지 깊숙이 채웠다가 위로 끌어올리며 "아~" 하고 소리를 내자.

숨을 배까지 깊숙이 채웠다가 위로 끌어올리며 "오~" 하고 소리를 내자.

숨을 배까지 깊숙이 채웠다가 위로 끌어올리며 "우~" 하고 소리를 내자.

숨을 배까지 깊숙이 채웠다가 위로 끌어올리며 "이~" 하고 소리를 내자.

숨을 배까지 깊숙이 채우고 배근육으로 배를 누르며 "아!" 하고 스타카토로 소리를 내자.

숨을 배까지 깊숙이 채우고 배근육으로 배를 누르며 "오!" 하고 스타카토로 소리를 내자.

숨을 배까지 깊숙이 채우고 배근육으로 배를 누르며 "우!" 하고 스타카토로 소리를 내자.

숨을 배까지 깊숙이 채우고 배근육으로 배를 누르며 "이!" 하고 스타카토로 소리를 내자.

숨을 배까지 깊숙이 채우고 배근육으로 배를 누르며 "안녕(안녀엉~)" 하고 소리를 위로 끌어올리자.

숨을 배까지 깊숙이 채우고 배근육으로 배를 누르며 "안녕하세요~"라고 소리를 위로 끌어올리자.

● 훈련 예문

다음의 훈련 예문을 채누보의 원칙에 맞춰서 채우고 누르고 보내보자.

내년 / 1월 / 제조업 / 업황 / 전:망 / BSI는 / 70으로 / 3포인트 / 나 / 뛰었고 / 2013년 / 전체 / 전:망도 / 올해보다 / 9포인트 / 상승한 / 81로 / 크게 / 상승 / 했습니다.

❌ **주의사항**

훈련 예문에 있는 문장을 한꺼번에 읽으려고 하지 말고 한 단어 씩 쪼개서 소리를 내자. 숨을 들이마신 다음 "내년~"이라고 말 하고, 그다음 다시 숨을 들이마신 다음 "1월~"이라고 소리를 내 보자.

　평소 말을 굉장히 빨리 하는 사람들이 있다. 이 사람들은 숨 을 배 아래까지 담지 않고 가슴으로만 담아 목을 통해 말을 하 는 사람들이다. 배까지 숨을 내려 소리를 끌어올리는 사람들은 말을 빨리 하고 싶어도 그렇게 할 수가 없다. 깊은 산속 옹달샘 이 더 맑은 것처럼, 뿌리가 깊은 나무가 더욱 강건한 것처럼, 우 리도 이제 호흡을 깊숙이 내려보자. 그러면 한결 좋은 울림 소 리가 나올 것이다.

목소리는 한 시간의 연습만으로도 달라질 수 있다.
목소리가 안 좋다고 지레 포기하면 안 된다.

공명점 찾기
연습법

● 훈련 포인트

내 몸의 공명점, 즉 '키톤'을 찾아라. 자신의 키톤을 찾으면 당연히 내 몸에 맞는 좋은 목소리를 낼 수 있다.

● 훈련 효과

키톤은 명상을 하거나 안정감을 느낄 때 또는 진심으로 누군가에게 말할 때 나오는 음역대를 말한다. 울림이 가장 극대화한 톤이기도 하다. 키톤에 맞춰 말을 하면 나도 편하고 상대방도 편하게 느끼는 목소리가 나오게 된다.

■ 연구개의 모습

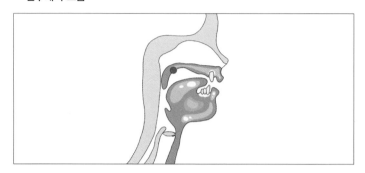

사람들은 각자의 몸에 맞는 톤을 가지고 있다. 마치 피아노의 음계 '도레미파솔라시도'처럼 각자 그들의 몸에 맞는 톤을 갖고 있는 것이다. 키톤을 찾는다는 것은 깊은 울림이 느껴지는 공명점을 찾는 것이다. 깊은 울림이 나오는 공명점을 찾아 말해야 나만의 키톤 영역대에 맞는 공명을 낼 수 있다.

❶ 훈련 방법

내 몸에 맞는 키톤을 찾아보자. 내 몸에서 소리가 나오는 공명점을 찾으면 된다. 키톤을 찾으면 고음이나 저음도 무리 없이 낼 수 있으며, 울림을 스스로 만들어내기 때문에 성대의 피로도도 낮추면서 정확한 소리를 얻을 수 있다.

■ 키톤을 손가락으로 누르는 모습

　그럼 자신의 키톤(공명점)을 찾기 위해서는 어떻게 해야 할까? 먼저 복식호흡존에 숨을 채운 다음 갈비뼈가 갈라지는 Y존(명치)에 손가락을 갖다 댄다. "음~"이라는 소리를 내보자. 공명점에 양쪽 손가락으로 계속 압력을 주자. 이때 소리를 내면서 배를 손가락으로 눌러보자. 울림이 큰 것이 느껴지는가? Y존이 아닌 다른 곳을 손가락으로 눌러보자. 가운데 Y존을 눌렀을 때의 울림이 더 크다는 것을 알 수 있다.

❌ 주의사항

공명점 찾기 훈련을 할 때 꼭 주의해야 할 점이 있다. 바로 입모양을 동그랗게 만드는 것이다. 입안에서 소리가 더욱 진동할 수 있도록 입안을 크게 벌리자. 입을 벌린 다음 혀를 내려 완전히 입 뒤쪽이 열리는 연구개(물렁입천장)로 만들어보자. 입안이 완전히 열리게 되면 목젖이 보일 정도로 입을 크게 벌려보자. 그 다음 배에 숨을 채우고 자신의 키톤을 누르며 한껏 "아~" 하고 소리를 내보자.

배짜기 발성
연습법

● **훈련 포인트**

복식호흡으로 말을 해야 더 풍부한 발성을 얻을 수 있다. 하지만 배에 담긴 숨을 얼마나 빼주느냐에 따라 소리가 조절되므로 소리를 눌러주는 배근육도 상당히 중요하다.

● **훈련 효과**

배짜기는 정말 중요하다. 복식호흡만큼이나 중요하다고 할 수 있다. 왜냐하면 배에 담긴 숨을 말의 강약과 속도에 따라 조절해주는 것은 배근육이기 때문이다. 자동차의 엔진도 중요하지만, 어느 방향으로 갈지 정해주는 핸들과 어떤 속도로 갈지 결정해주는 액셀의 역할도 중요하다. 핸들과 엑셀의 역할을 하는 것이 바로 배근육이다.

하지만 사람들은 평소 배근육을 활용하면서 말하는 것이 아니라 목근육에만 의존해 말해왔기 때문에 배근육이 덜 발달되어 있다. 배근육 스트레칭을 통해 배가 소리를 밀어내는 힘을 키워보자.

❶ 훈련 방법

숨을 복식호흡존(마지막 갈비뼈부터 배꼽 아래 5cm까지)에 채운다. 배근육이 등가죽과 붙는다는 생각이 들 정도로 "아~" 하고 확 누른다. 이때 배근육이 제대로 수축하면 양쪽 골반뼈 윗부분의 근육이 딱딱해지는 것을 느낄 수 있다. 마치 우리가 아침에 화장실에서 대변을 볼 때 배에 힘이 가해지는 것처럼 말이다. 이때처럼 배근육이 수축해야 한다. 그래야 훨씬 더 안정적인 소리를 얻을 수 있다.

① 20초 배짜기 연습법

• "아~"하고 20초 동안 소리를 계속 내자. 이때 소리가 나가면서 배가 수축하는 것을 느껴보자.

• "안녕하세요, 안녕하세요, 안녕하세요."를 반복하면서 20초 동안 소리를 내자.

② 스타카토 배짜기 연습법

• "아! 아! 아!" 스타카토로 세 음절의 소리를 내자. 이때 숨을 들이마시고, "아!" 하고 다시 숨을 들이마시고, "아!" 하고 또 다시 숨을 들이마시고, "아!" 하고 뱉자.

③ 단어 전체 배짜기 연습법

• '안녕하세요.'라는 단어를 숨을 들이마신 다음, 배를 짜면서 말해보자.

• '반갑습니다.'라는 단어를 숨을 들이마신 다음, 배를 짜면서 말해보자.

• '사랑합니다.'라는 단어를 숨을 들이마신 다음, 배를 짜면서 말해보자.

우리나라 여자 골프의 간판 최나연이 / 시즌 세 번째 메이저대회인/ US 오픈에서 정상에 올랐습니다./

최나연은 트리플보기를 범하며/ 한때 추격을 허용했지만. / 침착하게 타수를 줄이며/ 2위 양희영을 네 타 차이로 따돌렸습니다. / 김동민 기자가 보도합니다.

배까지 숨을 가득 채운 다음 "우리나라 여자 골프의 간판 최나연이"라고 말하면서 길게 배를 짜자. 이때 중간에 다시 숨을 들이마시면 안 되며 계속 배를 짜야 한다. 이때 배는 '우리, 나라, 여자, 골프의, 간판, 최나연이', 이렇게 총 6회 조금씩 수축한다. 다시 숨을 들이마시고 "시즌 세 번째 메이저 대회인"이라고 말하면서 배를 짜주자. 이때는 '시즌, 세, 번째, 메이저, 대회인', 이렇게 총 5회 배가 조금씩 수축한다. 또 다시 숨을 들이마시고 "US오픈에서 정상에 올랐습니다."라고 말하면서 배를 수축시키자. 이때는 'US, 오픈에서, 정상에, 올랐습니다', 이렇게 총 4번 배가 수축한다. 만약 호흡(말의 체력)이 좋은 사람이라면 '시즌 세 번째 메이저 대회인 US오픈에서 정상에 올랐습니다.'를 중간에 다시 숨을 들이마시지 않고 한 호흡으로 말할 수 있을 것이다. 한번 해보자. 어떤가? 내 호흡이 긴가, 아니면 내 호흡이 짧은가?

❌ 주의사항

배짜기 연습을 할 때 가장 많은 사람들이 토로하는 어려움은 바로 "잘 안 된다."는 것이다. 사실 잘 안 될 수밖에 없다. 배짜기 연습을 처음 몇 번 해보고 잘 안 된다고 하는 사람들은 피아노 건반을 5분 두들겨보고 왜 체르니를 칠 수 없냐고 말하는 것과 같다.

목소리 훈련은 사실 근육 훈련이다. 입근육, 혀근육, 배근육이 얼마나 단련되어 있느냐에 따라 몸이라는 악기가 훌륭한 연주를 할 수 있는 것이다. 자, 최소한 일주일이라도 배짜기 연습을 해보고 나서 힘들다고 말하자. 좋은 목소리 스펙을 쌓는 것이 그리 쉬우면 누구나 다 멋진 목소리를 가진 이병헌이 될 수 있을 것이다. 세상에 공짜는 없다.

자기경청은 좋은 스피치와 좋은 목소리의 기본이다.
자기경청 훈련을 통해 내 목소리 듣기에 도전해보자.

배털기 발성 연습법

✅ 훈련 포인트

배짜기의 심화버전이자 발성의 꽃인 배털기에 대해 배워보자.
배털기를 할 수 있는 사람은 발성의 달인이다.

📊 훈련 효과

배에 담긴 숨이 소리로 바뀌려면 절대적으로 숨을 끌어올리는
배근육의 힘이 필요하다. 배근육을 이용해 말을 많이 해본 사람
은 배근육의 탄력성이 좋아 배짜기뿐만 아니라 배털기도 가능
해진다.

우리말의 빠르기는 어떤가? 사실 우리말은 빠르다. 여러 음절이 계속 나오면서 빠르게 단어가 되고 문장이 된다. 입은 말의 속도를 따라갈 수 있지만 우리의 배근육은 탄력성이 입보다 떨어져 말의 속도를 따라갈 수 없다. 그래서 자꾸 목과 입으로만 말을 하게 되는 것이다. 빠른 말의 속도에 맞춰 배근육도 움직일 수 있게 해주자.

❶ 훈련 방법

숨을 복식호흡존(마지막 갈비뼈부터 배꼽 아래 5cm까지)에 가득 채운다. 그런 다음 노래 부르듯 "아아~" 하고 배근육으로 바이브레이션을 하자. 이때 "아아아아~"에 맞춰 배가 계속 털려야 한다. 만약 제대로 배털기를 하게 되면 목후두(목에 돌출되어 있는 부분)와 쇄골이 움직이는 것이 느껴질 것이다.

먼저 숨을 배까지 채운 다음, 첫 음절을 발음한다. 이어지는 다음 음절을 소리 낼 때 배를 털어보자.

로 → 로~~오~~ ('오'를 발음할 때 배를 털어보자)
얄 → 야~~알~~ ('알'을 발음할 때 배를 털어보자)

막 → 마~~악~~ ('악'을 발음할 때 배를 털어보자)

파 → 파~~아~~ ('아'를 발음할 때 배를 털어보자)

싸 → 싸~~아~~ ('아'를 발음할 때 배를 털어보자)

리 → 리~~이~~ ('이'를 발음할 때 배를 털어보자)

톨 → 토~~올~~ ('올'을 발음할 때 배를 털어보자)

✖ 주의사항

'배짜기도 어려운데 배털기를 어떻게 하나?' 이런 고민을 하고 있는 건 아닌가? 배털기는 정말 어렵다. 대학교 학생들에게도 '보이스 트레이닝' 전공 수업 때 내가 항상 하는 말이 있다. "기말고사 시험 볼 때 배털기를 하는 사람에게 무조건 에이플러스를 주겠다." 그런데 신기하게도 기말고사쯤 되면 배털기를 하는 학생들이 너무 많아진다는 것이다. 하면 안 되는 것이 없다는 것을 증명하는 듯 말이다. 그래서 난 기말고사를 볼 즈음에는 조건을 수정한다. "배털기를 오래 하는 사람에게 에이플러스를 주겠다."

요즘에도 꾸준히 발성연습을 하냐고 내게 질문하는 분들이 많다. 그렇다. 지금도 아침저녁으로 차 안에서 내가 하는 훈련

이 바로 '배털기'다. 숨을 들이마시고 숨이 끊어질 것 같을 때까지 계속 배를 털면서 배로 바이브레이션을 만든다. 그럼 배근육이 수축하면서 단련되는 느낌을 받는다. 여러분도 배털기에 한번 도전해보라.

좋은 목소리의 세 번째 조건은 바로 '호흡'이다. 호흡은 말의 체력을 말하며, 자동차로 비유하면 엔진 배기량이라고 할 수 있다. 엔진 배기량이 좋을수록 높은 언덕을 힘차게 올라갈 수 있는 것처럼, 우리의 말도 길고 강한 호흡을 갖고 있어야 퍼블릭 스피치에서 자신감 있게 말을 할 수 있다. 호흡은 발음과 발성을 담을 수 있는 그릇이다. 이 그릇 자체가 커져야 한다. 자, 이제부터 호흡에 대한 맹훈련에 들어가보자.

voice
training

3장

호흡 트레이닝

티슈
호흡법

☑ **훈련 포인트**

호흡은 말의 체력을 말한다. 말의 체력을 기르려면 숨을 아래에 담고 힘차게 그 숨을 끌어올릴 수 있어야 한다. 호흡을 깊게 담고 그 숨을 끌어올려 티슈를 흔들어보자.

🎙 **훈련 효과**

티슈 호흡법은 발성과 호흡이 동시에 좋아지는 훈련법이다. 티슈가 움직일 정도로 숨을 크게 보내야 하기 때문에 소리에 힘이 실려 발성이 좋아지게 된다.

■ 티슈 발성법

또한 숨을 가득 채운 다음 다 쏟아내, 담을 수 있는 호흡의 양이
점차 많아진다.

❶ 훈련 방법

• 각티슈의 휴지를 꺼낸다.

• 손에 휴지를 잡은 다음 '후~' 하고 불어준다.

• 이때 그냥 입으로만 바람을 불지 말고 복식호흡존에 숨을 가
  득 채운 다음, 배에서 올라온 공기로 휴지를 불자.

• '후~ 후~ 후~ 후~' 10번에 걸쳐 숨을 들이마시고 뱉어주자.

- 티슈 호흡을 끝낸 휴지를 내려놓은 다음에 숨을 들이마시고 '후~' 하고 외쳐보자.
- 복식호흡존에 있던 숨이 자연스럽게 올라와 입을 통해 나가는 것을 느껴보자.

❌ **주의사항**

티슈호흡을 하면 갑자기 배에서 숨이 자주 많이 올라와 '과호흡'을 겪을 수 있다. 그래서 머리가 어지러운 증상이 나타나는데, 이는 일시적인 반응이므로 걱정하지 않아도 된다. 복식호흡으로 처음 말을 하게 되면 머리가 아프다는 분들이 있다. 이것도 평소 흉식으로 올라오던 호흡이 복식까지 깊게 담아져 올라오기 때문이므로 걱정하지 않아도 된다. 차츰 과호흡에 몸이 적응되므로 처음에 좀 불편하더라도 참자.

트레이닝 17

시계 초침 호흡법

⊘ 훈련 포인트

호흡훈련의 가장 중요한 포인트는 바로 '호흡이 바닥일 때도 소리를 낼 수 있는가?'다. 숨이 별로 남아 있지 않은 상태에서도 소리를 낼 수 있어야 퍼블릭(Public) 스피치 등의 호흡이 많이 빠져나가는 스피치에도 좋은 목소리를 낼 수 있다.

⊜ 훈련 효과

호흡훈련의 기본은 배 깊숙이 숨을 가득 담고 숨을 오랫동안 뱉으면서 말을 할 수 있느냐가 관건이다. 시계 초침 호흡법은 초

침이 하나의 목표가 되기 때문에 더욱 오랫동안 소리를 뱉으려
고 노력할 수 있어 좋은 훈련법이라 할 수 있다.

❶ 훈련 방법

• 시계의 초침을 바라본다.

• 배까지 숨을 깊게 들이마신 다음, "아~"하고 20초간 소리를
  낸다.

• 다시 한 번 더 깊게 숨을 들이마시고 "안녕하세요, 안녕하세
  요, 안녕하세요."라고 반복하며 25초간 소리를 낸다.

- 다시 한 번 더 깊게 숨을 들이마시고 "아~~" 하고 30초간 소리를 낸다.
- 다시 한 번만 깊게 숨을 들이마시고 "아~~" 하고 40초간 소리를 낸다.

❌ **주의사항**

처음 호흡이 짧은 사람은 숨을 들이마신 다음 "아~~"를 5초도 못하는 경우도 있다. 처음에는 보통 10초 정도 할 수 있는데 말을 잘하는 사람들은 보통 "아~"를 20초 정도 길게 소리를 낼 수 있다.

 기본적으로 30초는 뱉을 수 있는 체력이 있어야만 자신감 있게 공식석상에서 좋은 목소리를 낼 수 있다. 30초 이상 할 수 있도록 꾸준히 노력하자. 30초는 기본이다.

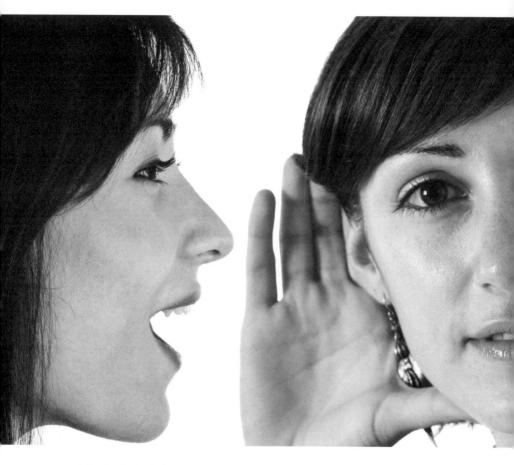

"혼자 가면 빨리 갈 수 있지만, 함께 가면 멀리 갈 수 있다."
우리는 함께 살기에 목소리에 대한 훈련이 필요한 것이다.

동그란 목소리
연습법

● 훈련 포인트

사람들이 좋아하는 목소리의 기본 단위는 바로 '동그란 목소리'
다. 사람들은 날카롭게 송곳처럼 위로 향하는 목소리를 좋아하
지 않는다. 부드럽고 품격 있는 동그란 목소리에 도전해보자.

● 훈련 효과

동그란 목소리는 '소리의 선'을 말한다. 소리 자체가 날카롭게
위로 향해 있는 사람들이 있다. "됐어. 넌 왜 만날 그 모양 그 꼴
이야."라고 날카롭게 말하는 사람들의 목소리를 좋아하는 사람

■ 제스처를 동그랗게 하는 모습

은 없을 것이다. 또한 "네, 저는 잘하는 것도 없고 자신감도 없고요. 그냥저냥 삽니다."라며 자신감 없게 일자 톤으로 말하는 사람의 목소리를 좋아하는 사람도 없을 것이다. 사람들은 "안녕하세요." "반갑습니다." "지금부터 발표를 시작하겠습니다." 이렇게 동그랗게 말하는 사람들을 좋아한다.

❶ 훈련 방법

목소리를 동그랗게 한다는 것은 음절의 첫 음절에 악센트를 준다는 것이다. 첫음절에 악센트를 주며 소리를 강하게 위로 올려준다. 이때 잊지 말아야 할 것이 바로 '소리의 시작점이 어디냐?' 하는 것이다. 소리의 시작점은 절대 목이 되어서는 안 된다. '채누보의 원칙'에 맞춰 숨을 배에 채운 다음, 소리의 시작점을 배에서부터 시작해 입 위로 끌어올려야 한다. 즉 동그라미의 시작은 목이 아니라 배임을 잊지 말자.

그러고 나서 말끝 어미는 살짝 내려주자. 말끝 어미가 올라가면 말의 품격이 현저히 떨어진다. 어미는 아래로 살짝 내려주면서 감싸주자. 그러면 훨씬 더 자신감 있으면서도 편안한 목소리가 나온다.

● 훈련 예문

단어를 아래와 같이 쪼갠 다음 첫 음절에 강한 악센트를 주고, 어미는 아래로 내려주는 느낌으로 소리를 내보자.

최:근에는 / 스마트폰 / 제:조 / 업체들이 / 최:첨단 / 디지털 / 카메라 / 기능이 / 담:긴 /
신제품을 / 잇따라 / 출시 / 하고 / 있습니다. /

일반 / 디지털 / 카메라와 / 맞먹는 / 1,300만 / 화소를 / 갖춘 / 제:품에다 / 연속 / 촬영
기능까지 / 갖추면서 / 소형 / 디지털 / 가전 / 시:장을 / 위협하고 / 있습니다. /

평소 말하는 말투에서 벗어나 동그랗게 말을 하게 되면 정말 어색하다. 어떤 목소리가 듣기 편한 말투인지 궁금하다면 일단 녹음을 해보자. 평소 내가 말하던 것이 나은지, 아니면 앞에 악센트를 주고 뒤로 내리는 것이 더 품격 있고 안정적인지 꼭 녹음해서 들어보자. 그리고 아직 동그라미를 변형해 자연스럽게 리듬을 만드는 것은 배우지 않았으니 조금 어색하게 느껴지더라도 참자.

트레이닝 19

강약 프로소디 연습법

✅ 훈련 포인트

프로소디(prosody)는 기본적으로 '운율'이라는 뜻으로, 문장을 말할 때 강약을 넣어 강조하는 메시지를 명확히 드러내는 것을 말한다. 어디에 강한 프로소디를 넣어주느냐에 따라서 메시지의 내용이 달라진다.

📶 훈련 효과

소리가 작은 사람들이나 목소리가 단조로운 사람들을 보면 대개 프로소디 없이 단조롭게 말한다. 내가 말하고자 하는 핵심 메시지에 강약의 프로소디를 자연스럽게 넣으면 전체적으로 메시지의 전달력이 좋아진다.

❶ 훈련 방법

목소리 안에 강약을 만든다는 것은 숨을 배까지 채운 다음, 그 숨을 배근육으로 조절해 숨을 많이 빼고 적게 빼는 과정을 말한다. 문장 안에 어떤 내용을 강조할 것인지 정한 다음, 그 단어를 말할 때 배근육을 강하게 눌러 호흡을 빼자. 하지만 문장에서 약하게 발음해야 하는 단어에는 숨을 많이 빼지 말자. 이렇게 경제적으로 소리를 내야 내가 갖고 있는 호흡으로 충분히 긴 문장을 안정감 있게 말할 수 있다.

▶ 훈련 예문

다음 훈련 예문의 진하게 쓰여진 단어에 배근육을 수축시켜 강하게 소리를 내주자. 그러면 메시지의 의미 전달이 훨씬 잘될 것이다. 이렇게 프로소디를 어디에 주는지에 따라 메시지의 내용이 달라진다.

그가 이 가방을 제인에게 주고 있다. (다른 사람이 아니라 '그'가 가방을 주는 것)

그가 이 **가방을** 제인에게 주고 있다. (그가 다른 것이 아니라 '가방'을 주는 것)

그가 이 가방을 **제인에게** 주고 있다. (그가 이 가방을 다른 사람이 아닌 '제인에게' 주는 것)

그가 이 가방을 제인에게 **주고** 있다. (그가 이 가방을 제인에게 받는 것이 아니라 주고 있는 것)

❌ **주의사항**

프로소디를 넣어줄 때 강하게 해줄 때는 강하게, 약하게 해줄 때는 약하게 하는 것이 중요하다. 보통 '강하게 소리를 내준다'라고 해도 정말 크지 않은 경우가 대부분이다. '어색하지 않다'는 것은 '잘 훈련되어졌다'가 아니라 '예전으로 돌아간 것이다'라고 생각하자. 프로소디의 강약이 드러나려면 정말 어색할 정도로 크게 강약을 표현해줘야 한다.

호흡은 목소리를 만들어내는 '재료'다.
호흡이 길어야만 좋은 목소리라는 요리를 잘 만들 수 있다.

강 프로소디
연습법

✔ **훈련 포인트**

문장에서 반드시 강하게 악센트를 넣어 강 프로소디(prosody)
를 줘야하는 것이 있다. 단어의 첫 음절이나 문장에서 중요한
내용, 숫자, 지명, 인명 등이 바로 그것이다.

🔊 **훈련 효과**

평소 사람들과 말할 때는 말에 리듬감이 있는데, 앞에만 나와서
말하면 말이 일자톤으로 변하는 사람들이 있다. 그리고 말 안에
'마음'이 실리지 않는 사람들도 많다. 이제 말이 아닌 '마음'을

말하자. 그러려면 문장 안에 내 마음이 실릴 수 있는 강 프로소디를 연습해보자. 그러면 한결 내가 강조하고자 하는 바가 목소리 안에 드러날 것이다.

● 훈련 방법

문장 안에 있는 내용 가운데 일단 내가 가장 강조하고 싶은 내용을 체크해보자. 어떤 내용을 강하게 말해야 할지 구분이 안 간다면 소리 내어 한번 읽어보자. 그러면 어떤 내용을 강조해야 할지 감이 잡힐 것이다.

그런 다음 이해하기 어려운 어휘가 있으면 그 단어도 표시해두자. 어려운 뜻을 갖고 있는 어휘를 강하게 말해야 말에 신뢰감이 생긴다.

또한 문장 안에 있는 숫자와 지명, 인명은 반드시 강하게 말해야 한다. 사람들이 숫자를 들어도 잘 이해할 수 없다고 해서 대충 말하면 목소리에 신뢰감이 상당히 많이 떨어진다. 또한 뒷말을 수식해주는 앞 단어도 강하게 악센트를 줘야 한다.

▶ 훈련 예문

보:통 **휘발유**의 주:유소 **평균 판매** 가격이 **100일** 연속 **올랐습니다.**

한:국석유공사는 보:통 휘발유의 전국 평균 가격이 지난해 **10월 10일** 이후 이달 **17일까**

지 100일 동안 하루도 **빠짐없이** 올랐다고 밝혔습니다.

이 훈련 예문에서 중요한 역할을 하는 단어인 '휘발유, 평균, 판매, 100일, 올랐습니다, 한국석유공사, 17일까지, 빠짐없이, 올랐다고'와 숫자인 '100일, 10월 10일, 17일까지, 100일 동안', 그리고 어려운 단어인 '한국석유공사'에 악센트, 즉 강 프로소디를 넣으면 된다.

트레이닝 21

리듬 스피치
연습법

⊘ 훈련 포인트

말을 잘하는 사람들은 목소리에 리듬감이 들어 있다. 일자
톤으로 지루하게 말을 하지 않는다. 상대방에게 내 말을 잘
들리게끔 말을 하고 싶어지면 자연스럽게 내용에 프로소디
(prosody)가 입혀지면 말에 리듬감이 생긴다. 이를 '리듬 스
피치'라고 한다.

⊞ 훈련 효과

말의 어조가 일자톤으로 나오지 않고 생명감 넘치게 전달된다.

또한 말에 리듬감이 생기므로 앞 단어와 뒷 단어가 서로 엉겨붙지 않아 훨씬 더 말이 술술 나온다. 또한 자연스럽게 강약이 형성되므로 말의 전달력도 높아진다. 그리고 리듬 스피치를 했을 때 가장 좋은 점은 강하게 말한 호흡으로 약까지 말할 수 있어 전체적으로 호흡이 아껴진다는 것이다.

❶ 훈련 방법

리듬 스피치의 첫 번째 방법은 바로 '쪼개기(segmentation)'다. 단어와 단어를 모두 잘 들리게끔 쪼개보자.

리듬 스피치의 두 번째 방법은 '악센트를 주는 것'이다. 먼저 단어 첫 음절에 악센트를 주자. 쪼갠 단어의 첫 음절에 악센트를 주면 발음이 명료하게 잘 들리게 된다. 더군다나 첫 음절에 악센트를 주다보면 자연스럽게 단어에 대한 이해도도 올라가게 된다.

말에 리듬을 넣는 리듬 스피치의 마지막 방법은 바로 '노래 부르듯 말하기'다.

다음 예문처럼 잘게 단어를 쪼개보자. 여기서 굳이 '수백 명'까지 쪼개는 것은 '백 명'이라는 단어가 들리게 하기 위해서다. 그냥 '수백 명'을 대충 읽어버리면 '백'이라는 단어가 잘 들리지 않아서다. '발생했다'도 마찬가지다. '발생했다'를 그냥 빨리 읽어버리면 대충 얼버무린다는 느낌을 줄 수 있다. '발생'과 '했다는'으로 쪼개서 읽어야 보다 더 명확해진다.

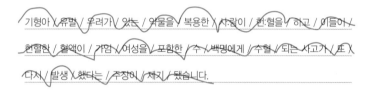

기형아 / 유발 / 우려가 / 있는 / 약물을 / 복용한 / 사람이 / 헌혈을 / 하고 / 이들어 / 헌혈한 / 혈액이 / 가임 / 여성을 / 포함한 / 수 / 백명에게 / 수혈 / 되는 사고가 / 또 / 다시 / 발생 / 했다는 / 주장이 / 제기 / 됐습니다.

다음 방법은 문장에서 중요한 역할을 하는 단어에 악센트를 주는 것이다. 문장의 중심 단어, 수식 단어(형용사, 부사), 숫자는 강하게 읽어준다. 또한 이해하기 어려운 단어에도 악센트를 넣어 전달력을 높여준다.

보:통 휘발유의 주:유소 평균 판매 가격이 100일 연속 올랐습니다.

한:국석유공사는 보통 휘발유의 전국 평균 가격이 지난해 10월 10일 이후 이달 17일까지 100일 동안 하루도 빠짐없이 올랐다고 밝혔습니다.

이 예문에서 중요한 역할을 하는 단어인 '휘발유, 평균, 판매, 100일, 올랐습니다, 한국석유공사, 17일까지, 빠짐없이, 올랐다고'와 숫자인 '100일, 10월 10일, 17일까지, 100일 동안', 그리고 어려운 단어인 '한국석유공사'에 악센트를 넣으면 된다.

말에 리듬을 넣는 마지막 방법은 바로 '노래 부르듯 말하기'다. 발성학자들은 가장 좋은 목소리를 '동그란 목소리'라고 말한다. 단어 자체가 동그랗게 표현되는 목소리를 말하는 것이다. 이런 동그라미가 모여 하나의 리듬을 형성하는 것이 리듬 스피치인데, 동그라미를 그려줄 때 노래 부르듯 부드럽게 호흡을 이어주는 것이다. 마무리로 쪼개고 악센트가 넣어진 다음의 문장을 노래 부르듯, 파도를 타듯 호흡을 이어주면서 말해보자.

❌ 주의사항

사실 이 책을 쓰면서 가장 고민하는 부분이 바로 리듬 스피치다. '소리를 어떻게 글로 표현할 수 있을까?' 아무리 상세하게 표현하려고 해도 사실 글로 리듬을 표현한다는 것이 쉽지 않다. 그래서 만든 것이 2부에 나오는 동영상 QR코드다.

동영상 QR코드를 통해 강의를 함께 들으면서 연습하는 것이 이 책을 200% 이상 활용하는 유일한 방법이다. 저자의 목소리 가 실제로 어떤지 여러분도 궁금하지 않은가?

트레이닝
22

목소리 채색
연습법

○ 훈련 포인트

목소리 안에 감정이 실리지 않는 사람이 많다. 단어와 문장에 자신의 마음과 감정을 조금 더 실어보자. 그러면 훨씬 더 행복하게 내 목소리를 찾을 수 있다.

● 훈련 효과

말투가 항상 퉁명스럽고 성의 없는 사람들이 있다. 이런 사람들은 작은 싸움과 시비에 휘말리는 경우가 많다. "왜 당신은 항상 그렇게 화가 나 있어?"라는 말을 듣거나 "당신은 왜 이렇게 말에 성의가 없어?"라는 말을 듣는다면 목소리에 감정이 실리지 않아서일 가능성이 크다. 자, 목소리 채색에 도전해보자.

❗ 훈련 방법

사람의 감정에는 크게 긍정과 부정이 있다. 긍정의 감정은 밝고 활기찬 느낌 그대로 표현하면 된다. 반대로 부정의 감정은 목소리의 명암을 어둡게 해 우울하게 전달하면 된다. 사실 우리가 살아가면서 긍정의 감정만큼이나 중요한 것이 부정의 감정이다. 부정의 감정은 무조건 나쁜 것이 아니다. 내가 어떤 부정의 마음을 갖고 있는지 빨리 알아차려야 다음 감정으로 넘어갈 수 있다. 무조건 부정의 감정을 감추는 것이 능사는 아니다. 좋은 목소리를 갖고 싶은가? 목소리는 기술과 마음으로 이루어져 있다. 마음을 챙기지 못하면 기술은 소용없다.

▶ 훈련 예문

다음의 단어를 소리 내어 말해보자. 이때 감정을 충분히 넣어서 표현해주자.

긍정	부정
감동받았다. 뭉클하다. 감격스럽다. 벅차다	걱정된다. 암담하다. 우려가 된다.
황홀하다. 충만하다. 고맙다. 감사하다.	무섭다. 안타깝다. 아쉽다. 괴롭다. 난처하다.
따뜻하다. 감미롭다. 푸근하다. 사랑한다.	불안하다. 조바심이 난다. 섭섭하다. 서운하다.
평화롭다. 누그러진다. 고요하다.	외롭다. 귀찮다. 지겹다. 갑갑하다.
기운이 난다. 생기가 돈다. 자신감이 있다.	마음이 아프다. 비참하다. 쓸쓸하다.

⊗ 주의사항

감정을 목소리로 잘 표현해내는 사람들을 보면 참 행복한 사람
들이 많다. 자신의 감정을 솔직하게 들여다볼 수 있는 여유와
그것을 표현할 수 있는 자신감, 그리고 그 감정을 쑥스러워하지
않고 남과 나눌 수 있는 용기가 있다면 훨씬 더 울림 있는 내 목
소리를 낼 수 있을 것이다. 조금 쑥스러워도 소리 내어 감정을
표현해보자. 한결 낮아지고 안정된 내 목소리가 들릴 것이다.

적극적으로 자기 PR을 해야 하는 세상에서
목소리는 나를 표현하는 강력한 도구임이 틀림없다.

자, 이제 실제 원고에 적용해 발음과 발성, 호흡을 연습해보자. ':' 표시는 장음을 뜻한다. 즉 길게 소리 내어 발음하라는 의미다. 또한 진하게 칠해진 단어는 문장 안에서 강조해서 읽어야 한다는 의미다. 단어 아래에 '[ ]' 표시되어 있는 것은 소리 내어서 읽을 때 단어가 변하는 모습을 적어놓은 것이다. 어렵더라도 조금씩 천천히 따라 읽어보자.

· 2부 ·

좋은 목소리를 위한
실전 트레이닝

이제 발음을 정확히 할 수 있는 입근육 실전 훈련에 들어가보자. 발음은 모음과 자음의 음가를 충실히 해야 정확해질 수 있다. '아, 야, 어, 여' 등의 모음은 입근육이 얼마나 모음의 변화에 따라 움직여지느냐에 따라 음가가 달라진다. 이제 저렴하게 너무 경제적으로 발음하는 것에서 벗어나, 입을 크게 벌리며 자신감 있게 발음해보자. 특히 사람들이 하기 어려워하는 발음인 '여, 야, 요, 요, 와, 워, 외, 위, 애, 에' 등의 발음에 신경 쓰며 열심히 트레이닝 해보자.

voice
training

1장

입근육 실전 훈련

발음 기호를 유의하며
천천히 읽자

● 훈련 예문

무:대 **공:포증**과 관련된 **감:정**들 중 가장 두드러진 것은 '**두려움**'
　　　　[공:포쯩]　　　[괄련된]
이다.

대개 **특정** 부위에 집중되는 **고통**과는 반:대로 **두려움**은 몸 전체
　　　　　　　　[집쭝되는]
에 작용하는 **감정**이다.
　　　　[자공하는]

두려움을 느끼는 사:람은 머리부터 **발끝까지 두려움**을 느낀다.
　　　　　　　　[사:람믄]

그래서 **사:람** 전체를 지배한다. 청중들 앞에 등장하기 바로

직전의 생각을 떠올려보자.
[직쩌네]

혹시 '여기서 도망치는 게 **최:고야!**' 인가? 아쉽지만 **도망**의 본
[최:고] [췌:고]

능은 실행될 수 없다.

주어진 **상황도** 그렇고, 스스로의 **역할** 의:식이 **실행을** 가로막
[그러코]   [여칼]

는다.

그래서 우리는 **연:단에** 올라서서 깊은 **숨:을** 들이마신다.
[수:믈]   [드리마신다]

갑자기 새로운 생각이 **솟구칠 수 있다.**
[갑짜기]   [솓꾸칠 쑤] [읻따]

"자, 이제 **시:작이야.**" 이는 **결연함과 용기의** 감정이다.
[겨련함]

여기에서 두려움의 **양극성이 뚜렷하게** 드러난다.
[뚜려타게]

막다른 **좁은** 길에서 **광:야가** 열리는 **현:상은** 여기에 나타난다.

다시 말해 두려움에서 **용:기가** 생긴 것이다.

두려움의 **최:전선**에서 초조함은 **결연한 마음으로** 전환된다.
　　　　 [최:전선] [췌:전선]　　　　　　 [겨련한]

우리 **내:면**에서 **한:계를** 뛰어넘는 것이다.
　　　　　 [한:게] [한:계]

이런 관점에서 보면 **두려움**은 **진:보적이다.**

우리에게 **나쁜** 일이 일어나지 않을 것을 **믿는다면** 두려움에서
　　　　　　　 [이러나지]　 [안을 꺼슬]　　 [민는다면]
용기가 자라난다.

또 그 **용기**에서 **신:뢰와 자신감도** 함께 생겨난다.
　　　　 [실:뢰]

『내 안의 겁쟁이 길들이기』
(이름트라우트 타르 지음, 유아이북스, 2012) 본문 중에서

스마트폰으로 이 QR코드를 실행하면,
저자가 직접 이 칼럼의 훈련 예문을 낭독한
동영상 자료를 바로 볼 수 있습니다.

트레이닝 24 발음하기 어려운 단어에 유의하며 읽자

● 훈련 예문

오페라의 꽃은 단연 **소프라노**와 테너다.
　[꼬촌] [다년]

여자 주인공은 **소프라노**, 남자 주인공은 **테너**가 맡는다.
　　　　　　　　　　　　　　　　　　　[만는다]

여자 악역은 **메조소프라노**가, 남자 악역은 **바리톤**한테 돌아간다.
　　　　　[아겨근]　　　　　　　　[아겨근]　　　　　[도라간다]

메조소프라노와 **바리톤**은 주로 남녀 주인공의 사랑을 **방해하는**

연:적 역할을 한다.
　[여카를]

청순가련형의 아름다운 **여주인공**은 소프라노의 몫이다.
[목씨다]

하늘의 **별**과 같은 소프라노를 중심으로 전:개되는 이탈리아 **오페라**의 흐름에 처음 **반:기를** 든 이는 프랑스의 젊:은 작곡가 **조르주 비제**였다.
[절:믄]

하:류계층인 집시 여인을 주인공으로 삼은 **파:격적인** 비제도 가수 **캐스팅**만큼은 기존 **관행**에서 벗어나지 못했다.
[버서나지]

'**카르멘**'은 **악역**을 맡은 메조소프라노가 **주인공**으로 등장하는 **몇 안 되는** 작품 중의 하나다.
[아겨글] [멷 안 되는]

『예술감상 초보자가 가장 알고 싶은 67가지』
(김소영 지음, 소울메이트, 2013) 본문 중에서

스마트폰으로 이 QR코드를 실행하면,
저자가 직접 이 칼럼의 훈련 예문을 낭독한
동영상 자료를 바로 볼 수 있습니다.

목소리는 나의 건강 상태를 알려주는
청진기의 역할을 한다.

트레이닝 25
혼동하기 쉬운 발음에 유의하며 읽자

● 훈련 예문

현:대인들 중 상당수가 **심:**각한 **수면**장애에 시달리고 있다고
           [심:가칸]   [읻따고]
한다.

여러 가지 **이:유**가 있겠지만 특히 **직장인**의 경우 **업무** 스트레
                [읻껜찌만]   [직짱이네]   [엄무]
스로 인해 **잠자리**에 들어도 쉽:게 잠들지 못:한다고 **호소**하는
           [잠짜리]   [모:탄다고]
사:람들이 **많:다.**
[사:람드리] [만:타]

그렇다고 **술**에 의존하면 **역효과**를 낼 수 있다.
                           [여쿄과를 낼 쑤 읻따]

잠을 청하느라고 마신 술은 오히려 **뇌**를 자극해 숙면을 취하지
[자그캐] [숭며늘]

못하기 때문이다.
[모타기] [때무니다]

잠은 **첫잠이** 중:요한데, 첫잠 두 시간이 나머지 **여섯 시간과**
[여섣] [씨간과]

비슷한 효과가 있다.
[비스탄] [읻따]

술을 마시고 잠들면 **첫잠을** 깊이 들지 못한다.
[첟짜믈] [기피] [모탄다]

잠을 잘 때 **자세도** 중:요하다.

만:세를 부르듯이 두 손을 머리 위쪽으로 향:하고 잠을 자면 손
[부르드시] [소늘] [위쪼그로]

을 들고 **벌**을 서는 것과 같아서 **팔이** 아프다.
[가타서]

옆으로 누워서 **칼잠을** 자는 것도 바람직하지 못하다.
[바람지카지 모타다]

칼잠을 잘 때 방바닥과 닿는 **팔이** 눌려 **혈액순환**이 안 돼서 팔
[방빠닥과 단는] [허랙쑨화니]

이 저리고, 눌린 어깨는 어깨 **통:증의** 원인이 된다.

『하루 10분의 기적』
(KBS 수요기획팀 지음, 가디언, 2010) 본문 중에서

스마트폰으로 이 QR코드를 실행하면,
저자가 직접 이 칼럼의 훈련 예문을 낭독한
동영상 자료를 바로 볼 수 있습니다.

좋은 목소리를 위한 실전 트레이닝

트레이닝 26 '오' 발음에 유의하며 소리 내어 읽자

▶ 훈련 예문

나보기가 역겨워 **가실 때에는**
[여겨워]

말:없이 고:이 보내드리오리다.

영번에 약산 **진달래꽃**
[약싼]

아름 따다 가실 길에 뿌리오리다.
[가실 끼레]

가시는 **걸음 걸음 놓인 그 꽃을**
[노인]　　[꼬츨]

132

사뿐히 **즈려밟:고** 가시옵소서
[즈려밥:꼬]   [가시옵쏘서]

나보기가 **역겨워** 가실 때에는
[여껴워]

죽어도 **아니 눈물** 흘리오리다.

'진달래꽃'(김소월 지음)

스마트폰으로 이 QR코드를 실행하면,
저자가 직접 이 칼럼의 훈련 예문을 낭독한
동영상 자료를 바로 볼 수 있습니다.

얼굴 표정에도 소리가 담겨져
있다는 것을 명심하자.

'요'와 '유', '야'와 '여' 발음에 유의하며 읽자

● 훈련 예문

어느 나라나 마찬가지지만, 특히 **동양권**의 국가에서는 사:업을

하는데 **인맥**이 중:요하다.

고향 선후배, 학교 동창, 직장 동료, 친인척 등 지연, 혈연을 동:원
              [동뇨] [치닌척]   [혀려늘]

하여 인맥으로 활용한다.
      [인매그로 화룡한다]

우리 사회처럼 **연고주의가** 발달된 국가에서는 모든 일을 인맥

으로 **해:결**하려는 사:업가도 있다.

그러나 인맥은 **효:용성**과 함께 **부정적** 요소가 있다는 사:실을 알아야 한다.

신:뢰라는 사회적 자산이 부족한 상황에서 인맥은 **대:체** 수단으
[실:뢰]   [부조칸]
로서 가치가 있다.

지나치게 **인맥** 만들기에 **시간과 비용을** 들이다 보면, 네트워크
의 **역기능 현:상**을 초래할 수 있다.

인맥을 만드는 데는 **시간과 돈:**이 필요하다.
                        [피료하다]

또 한번 맺어진 인맥을 **관리**하는 일에도 많:은 **시간과 돈:**이 들
          [매저진]   [괄리하는]
어간다.

지나치면 네트워크 관리에 시간을 너무 **많:이** 쏟게 되어 **사:업**
                                      [쏟께]
에 쓸 시간이 **부족해지는** 상황에 처할 수 있다.
          [부조캐지는]

인맥 네트워크의 폭과 깊이에 있어서는 **절제가** 필요하며, **균형**
감:각을 잃지 말아야 한다.

성공했다고 여기저기서 **박수**를 치고 **행가래**를 쳐줄 때 **조:심**해

[성공핸따고]

야 한다.

균형을 잡지 못하면 심각한 **부:상**을 입을 수도 있기 때문이다.

『불황을 뚫는 7가지 생존 전략』

(한정화 지음. 랜덤하우스코리아, 2005) 본문 중에서

 스마트폰으로 이 QR코드를 실행하면,
저자가 직접 이 칼럼의 훈련 예문을 낭독한
동영상 자료를 바로 볼 수 있습니다.

트레이닝 28

'어'와 '애' 발음에 유의하며 읽자

● 훈련 예문

살아 있는 **모:든** 것은 다 **행:복**하라.

태평하라.

안락하라.
[알락]

어떠한 **생물**일지라도

겁에 떨거나 **강하고 굳세거나**
[거베]   [굳쎄거나]

그리고 긴 것이든 큰 것이든

중간치든 짧고 가는 것이든
　　　　[짤꼬]　　　[거시든]

또는 조잡하고 거:대한 것이든
　　　　[조자파고]

눈에 보이는 것이나 보이지 않는 것이나
　　　　　　　　　　　　　[안는 거시나]

멀:리 또는 가까이 살:고 있는 것이나

이미 태어난 것이나 앞으로 태어날 것이나
　　　　　　　　　　[아프로]

모두 살:아 있는 것은 모두 다 행:복하라.
　　　　[인는]　[거슨]

마치 어머니가 목숨을 걸고 외아들을 아끼듯이
　　　　　　　　　　　　　　[아끼드시]

모든 살:아 있는 것에 대해서

한량없는 자비심을 내라.
　[할량엄는]

또한 온 세:계에 대해서

한량없는 **자비**를 행하라.
[할량엄는]

위 아래로 또는 **옆**으로

장애와 원:한과 적의가 없:는 자비를 행하라.
[저기가 엄:는]

서 있을 때나 길을 **갈** 때나

앉아 있을 때나 **누워서** 잠들지 않는 한
[안자] [이쏠]

이 **자비심**을 굳게 가져라
[굳께]

이 **세:상**에서는 이러한 상태를

신선한 경지라 부른다.

『말과 침묵』
(법정 역, 샘터, 2002) 본문 중에서

스마트폰으로 이 QR코드를 실행하면,
저자가 직접 이 칼럼의 훈련 예문을 낭독한
동영상 자료를 바로 볼 수 있습니다.

평소 목소리 훈련을 통해 당당하게 말할 수 있는
'준비'를 한다면, 남들의 이목을 집중시킬 수 있는
멋진 스피치를 할 수 있을 것이다.

'애'와 '에' 발음에 유의하며 읽자

● 훈련 예문

사랑, 정:의 내리기조차 매우 힘든 이것은

삶:에서 유일하게 **진실**하고 오래 남는 **경험**입니다.
[살:메서]

그것은 **두려움**의 **반:대말**이고, 관계의 **본질**이며 **행:복**의 근원입
[그눠님]

니다.
니다]

또한 우리 **자신**을 이루고 있는 가장 **깊은** 부분이고, 우리 안에

살면서 우리를 연결해주는 **에너지**입니다.

사랑은 **지식, 학벌, 권력**과는 아무 관계가 없습니다. 사랑은 모
[학뻘] [궐력]
든 행위 **너머에** 있습니다.

또한 삶에서 결코 사라지지 않는 **유일한 선:물**입니다.

결국 그것은 우리가 진정으로 줄 수 있는 **유일한 것**입니다.

환상과 꿈, 공허함으로 가득한 **세:상**에서 사랑은 진실의 **근원입**
[가드칸] [진시레 그붠님니다]
니다.

사랑이 가진 모든 **힘과 위대**함에도 불구하고 사랑은 **어렵습니다.**

평생 사랑을 찾아다니는 이들도 있습니다. 우리는 사랑을 **얻:지**
[얻:찌]
못할까 봐 **두려워**하고, 사랑을 얻:으면 그것이 **오래가지** 않을까
[모탈까 봐] [아늘까]
봐 두려워합니다.

우리는 사랑이 어떤 것인지 **안:다고** 생각합니다.

하지만 그것들은 대:부분 **어린** 시절에 갖게 된 **그:림**입니다.

가장 흔한 그:림은 갑자기 누군가 **특별한 사:람**을 만나서 완벽하
[갑짜기]   [완벼카]

다고 느끼며 모든 것이 **멋져** 보이고 , 그 후로 영원히 **행:복하게**
[다고]   [행:보카게]

산다는 낭만적인 **이:상형**입니다.

그러다가 **현:실의 삶**:에서 그렇게 **낭만적이지 못한** 상황들에게
[낭만저기지] [모탄]

맞닥뜨릴 때 그리고 대:부분의 사랑이 **조건적이라는** 것을 **깨닫게**
[맏딱뜨릴]   [깨닫께]

될 때, 우리는 크게 **상처**받습니다.

이제 **어:른의 시:선**으로 **사랑**을 보면서, **분명하고 현:실적이고 씁**
쓸하게 사랑을 바라봅니다.

『인생 수업』

(엘리자베스 퀴블러 로스 · 데이비드 케슬러 지음, 이레, 2006) 본문 중에서

스마트폰으로 이 QR코드를 실행하면,
저자가 직접 이 칼럼의 훈련 예문을 낭독한
동영상 자료를 바로 볼 수 있습니다.

좋은 목소리를 위한 실전 트레이닝

가장 흔한 그:림은 갑자기 누군가 **특별한 사:람**을 만나서 완벽하
[갑짜기]   [완벼카]

다고 느끼며 모든 것이 **멋져** 보이고 , 그 후로 영원히 **행:복하게**
[다고]   [행:보카게]

산다는 낭만적인 **이:상형**입니다.

그러다가 **현:실의 삶**:에서 그렇게 **낭만적이지 못한** 상황들에게
[낭만저기지] [모탄]

맞닥뜨릴 때 그리고 대:부분의 사랑이 **조건적이라는** 것을 **깨닫게**
[맏딱뜨릴]   [깨닫께]

될 때, 우리는 크게 **상처**받습니다.

이제 **어:른의 시:선**으로 **사랑**을 보면서, **분명하고 현:실적이고 씁**

쓸하게 사랑을 바라봅니다.

트레이닝 30

'아' 발음에 유의하며 읽자

▶ 훈련 예문

영국으로부터 **독립**을 준:비하던 **인도**는 **종교** 전쟁에 휩싸였습
　　　　　　　　[동닙]
니다.

내:전 중에 **회교도**에게 아들을 잃은 한 **힌두교도**가 **마하트마 간**
　　　　　　　　　　　　　　　[이른]
디를 찾아가 물:었습니다.

"어떻게 하면 **회교도인들**을 **용서**할 수 있습니까?
　[어떠케]

하나밖에 없는 아들을 죽인 자들에 대한 **미움**이 마음속에
[하나바께]   [마음쏘게]
가득한데, 어떻게 하면 제가 다시 **평화**를 찾을 수 있을까요?"
[가드칸데]   [어떠케]   [차즐 쑤 이쓸까요]

간디는 그 남자에게 고아가 된 적의 아들을 **입양해** 자식처럼 **키**
                                      [이방해]
우라고 말:했습니다.

삶:을 **제대로** 살기 위해서는 **용서가** 필요합니다.
[살:믈]   [피료합니다]

용서는 **마음**의 상처를 치료하는 방법이며, 우리를 다른 **사:람과**
연결하는 방법입니다.

우리 모두는 **상처**를 받습니다.

우리는 그런 **고통**을 겪을 만한 일을 하지 않았는데도 **상처**를 받
                                            [아난는데도]
습니다.

그리고 **진실**을 말:하자면, 우리도 다른 사:람에게 상처를 **입혀**
왔습니다.

문:제는 상처를 **입는** 것이 아니라,
[입는]

상처 **입힌** 사람을 **용서할 수 없:**거나 용서하지 않으려는 것입니
[이핀]
다.

그것이 바로 우리를 **계:속 아프게 하는** 상처입니다.

우리는 이런 상처들을 쌓으며 살:아가지만, 그것을 **치유하는** 방
[싸으며]
법은 배우지 못했습니다.

용서가 **필요한 이:유가** 그것입니다.

『인생 수업』
(엘리자베스 퀴블러 로스 · 데이비드 케슬러 지음, 이레, 2006) 본문 중에서

스마트폰으로 이 QR코드를 실행하면,
저자가 직접 이 칼럼의 훈련 예문을 낭독한
동영상 자료를 바로 볼 수 있습니다.

긴장을 하게 되면 몸도 표정도 말도 굳는다.
내 몸이라는 악기를 잘 연주하기 위해서는
반드시 스트레칭이 필요하다.

트레이닝
31
'와' 발음에
유의하며 읽자

▶ 훈련 예문

미국의 **행동**과학자이며 심리학자인 **스키너**가 **재미있는 실험**을
　　　　　　　　[심니]　　　　　　　　　　　　　　　　[재미인는]
했다.

'하고 싶은 대로 먹고 입고 놀 수 있게 해준 집단'과 '박봉으로 가
　　　　　　　[먹꼬 입꼬 놀 쑤 읻께]
족을 가까스로 부양해야 하는 집단'을 대:상으로 **6개월** 동안 그들

의 행동을 **관찰**했던 것이다.

두 집단 간의 결과에는 **확연한 차이가** 나타났다.
　　　　　　　　　　　　[화견한]

후자의 '헝그리 집단'은 어려운 환경에 **대:응**하여 **배고픔**으로부

터 **탈출**하기 위해 **안간힘**을 쓰고 **노력**을 하는 반:면에 전자의 **부**
[안깐힘]

유한 '집단'은 별다른 **노력**을 하지 않았다.

나중에는 그 **과:반수**가 놀고 **먹는 것도** 귀찮아서 하루 평균 **18시**
[귀차나서]

간씩 누워 지냈다.

사람은 **역경** 속에서는 **노력**하지만 **좋:은 환경** 속에서는 오히려
[역껑]   [노려카지만]   [조:은]

아:무것도 하지 **않으려** 한다는 사실을 보여준 실험이었다.
[아무걷또]   [아느려]

예전에 우리나라의 **권투 선:수**나 **레슬링 선:수**들이 세:계를 **제:**

패할 때 그 **성취 동기**나 **요인**으로 가장 많이 **거:론**되던 것이 바

로 **헝그리 정신**이었다.

승리하려면 남들보다 더한 **불굴의 의:지**가 필요했다.
[승니]

가난과 배고픔에서 **벗어나기** 위해서는 오직 **세계적인 선:수**가
[버서나기]

되는 길 밖에 **없:었다.**
[바께] [업:썯따]

당연히 **헝그리 정신**으로 무장하지 않으면 안 되었다.
[안으면]

헝그리 정신은 남들보다 **못:한** 처:지에서 남들 **이:상으로** 성취
[모:탄]

해보겠다는 **강한 의:욕**이다.

그 **의:욕**이 강할수록 **기적** 같은 일이 이루어진다.
[의:요기]

배고픔을 벗어나고 싶은 **간절한 소:망** 때문에 이를 **악물고**
[버서나고 시픈]   [앙물고]

혹독한 훈:련을 이겨내 결국은 **승리를** 거머쥐게 된다.
[혹또칸] [홀련]

『헝그리 정신』
(조관일 지음, 21세기북스, 2005) 본문 중에서

 스마트폰으로 이 QR코드를 실행하면,
저자가 직접 이 칼럼의 훈련 예문을 낭독한
동영상 자료를 바로 볼 수 있습니다.

이제는 자음을 정확히 해보는 훈련에 들어간다. 각 단어의 자음을 신경 쓰면서 발음해본다. 자음은 혀 근육의 영역이다. 혀가 정확한 위치에 가서 자음의 음가를 찍어야만 전체적인 발음도 정확해진다. 앞에 거울을 놓고 혀 위치를 살피며 다음의 원고를 읽어 보자. 자. 이때 혀가 자유롭게 움직이려면 반드시 입 안 전체가 커져야 함을 잊지 말자.

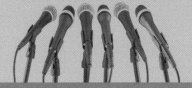

voice
training

2장

혀근육 실전 훈련

'ㄷ'과 'ㅌ'의 발음에
유의하며 읽자

▶ 훈련 예문

사:람들은 이 **넓은** 세상에서 자신의 마음을 **진정으로** 나눌 이가
　　[사:람드른]　　　[널븐]

단 **한 사:람도** 없:다고, 그래서 **외롭다고** 호소한다.
　　　　　　　　[업 따고]

그것은 서로의 마음을 **알아주지** 못하고 나누지 **못하기** 때문이다.
　　　　　　　　　　　[모타고]　　　　　　　[모타기]

다른 사람들과 **연결**될 수 있는 가장 **기본**적이고 **효과적인** 방법

은 '그냥 **들어주는 것**'이다.
　　　　　[드러주는 거시다]

'그냥 들어주는 것'이야말로 다른 **사:람**을 향해 가슴 깊은
[드러주는 거시야말로]

곳으로부터 보여주는 가장 큰 **관심의 표현**이다.
[고스로 부터]

말:을 하고 있는 **사:람**은 누구나 자신의 말이 잘 **받아들여지기를**
[바다드려지기를]

원:한다.
[원:한다]

이는 다른 **어떤** 것보다도 **우선적인** 것이다.

그 **사:람** 자신이 받아들여진다는 것, 그가 **말:하는** 것을 다른 사:
[바다드려진다는 건]

람이 듣고 있다는 것.
[듣꼬] [읻따는 건]

또 자신이 다른 사:람에게 **중요하게** 여겨지고 세심하고 **주의 깊**
[사:라메게]   [주의] [주이]

게 받아들여진다는 것, 그것은 '**이:해되는 일**'보다도 훨씬 **중요**
[바다드려진다는 건]

하다.

들음으로써 우리는 서로를 **연결**시킬 수 있다.
[드르므로써]

따라서 **듣는 사:람**은 말:하고 있는 사;람에게 그가 하는 말:을 잘
[든는]

듣고 있다고 알려줘야 한다.
[듣꼬]   [읻따고]

듣는 것의 초점은 말하는 '**그 사:람**' 자신이다.
[듣는 거세]

잘 들어주면 상대방은 자신이 **중요하게** 받아들여지고 있음을
[드러주면]   [바다드려지고]   [이쓰믈]

알게 된다.

『오제은 교수의 자기 사랑 노트』
(오제은 지음, 산티, 2009) 본문 중에서

 스마트폰으로 이 QR코드를 실행하면,
저자가 직접 이 칼럼의 훈련 예문을 낭독한
동영상 자료를 바로 볼 수 있습니다.

트레이닝 33

'ㅈ'과 'ㅊ'의 발음에 유의하며 읽자 ①

▶ **훈련 예문**

여러 **말:**보다 "그래. 그렇지. 그럴 수 있어."라는 **말:**이 큰 **위안**이
　　　　　　　　[그러치]　　　[그럴 쑤 이써]
되는 경우가 있다.

"나 요즘 너무 **힘들어.** 직장에서도 그렇고 가정에서도 그렇고…"
　　　　　　　[힘드러]　　　　　　　　　[그러코]　　　　　　　　[그러코]

이 **말:**을 하고 우리는 상대방이 내 마음을 **수용**해주길 기다린다.

하지만 돌아오는 것은… "너만 **힘드냐?** 나도 힘들다."
　　　　[도라오는 거슨]

힘들다고 **토:로**하는 사:람에게 나도 **힘들다라고** 받아치지 말고
[바다치지]

"그래. 그렇지. **힘들지**…"라고 **공:감**해주자.
[그러치]

만약 이 **공:감**이 힘들다면 그냥 아무 **말:도** 하지 말고 **눈빛**으로
[눈비츠로]
말하며 '그냥 **들어주기**'라도 하자. 오히려 **침묵이 많:은 말:보다**
[드러주기]   [마:는]
훨씬 더 큰 **위안**이 될 수 있다.

종종 **대:화**를 나누다 보면 "참 이 사:람과는 **대:화**가 안 된다."라

는 생각이 들 때가 있다.

무언가 내가 **말:한** 것에 대해 **정확한 답**을 항상 줘야 한다는 강
[말:한 거세]   [정화칸] [다블]
박관념을 갖고 있는 사:람이 있다.
[갇꼬]

"나 요즘 살이 좀 **찐 것** 같아?"라는 말에 "그래? 요즘 많이
[가타]
먹더니 살이 **쪘구나.** 요즘 **유행하는** 다이어트가 **원푸드** 다이어
[먹떠니]
트인데 그거 한번 해보면 어때?"

물론 **이렇게** 말:하는 것도 좋다.
[이러케]   [조타]

하지만 그 사람이 **원한** 것은 "아니야, 네가 무슨 살이 **쪘다는 거**

[쩐따는]

야? 지금도 아주 **날씬해.**"라는 말:일 수도 있다.

대:화… 정말 참 **어렵다.** 하지만 '**그냥 들어주는 것**' '그냥 그 자

체를 **인정해주는 것**'이 소통 **대:화**를 하는 데 있어 가장 **중:요한**

것이 아닐까 싶다.

스마트폰으로 이 QR코드를 실행하면,
저자가 직접 이 칼럼의 훈련 예문을 낭독한
동영상 자료를 바로 볼 수 있습니다.

말과 제스처는 짝꿍이다.
제스처로 동그라미를 그려주면 여기에 맞춰 발음도
동그랗게 표현될 것이다.

트레이닝
34

'ㅈ'과 'ㅊ'의 발음에 유의하며 읽자 ②

● 훈련 예문

한니발의 **2만 6천 명**은 **피레네** 산맥을 넘고, **프랑스**를 횡단하면

서 적대적인 **갈리아인을 잇따라 무찌르고, 론 강을 건:널 때도** 살
　　　　　[적때저긴]　　　　　　　　[읻따라]

아남고, 알프스를 넘는 **고초도** 견뎌낸 병사들이다.

정예라는 표현이 어울리는 **명실상부한 전:사 집단**이었던

것이다.
[거시다]

그들은 또한 **5개월** 동안 **한솥밥**을 먹으며 동고동락한 **동지**들이다.
　　　　　　　　　　　[한솓빱]

에스파냐인, 리비아인, 누미디아인 등 여러 인종의 혼합체지만,

연대감이 생기게 마련이다.

게다가 그들은 **천재적** 재능을 소유한 **젊:은** 장군의 지휘를 받고
[받꼬]

있었다.
[이썬따]

로마 **연합군처럼** 1년마다 사령관부터 병사들까지 **모조리** 교체
[연합꾼]

되는 군대가 아니었다.

수적으로는 **절반밖에** 안 되지만, **전:력이라는** 점에서는 전혀 **손**
[수쩌그로는]   [절반바께]   [절·력]

색이 없었을 것이다.
[업써쓸 꺼시다]

『로마인 이야기2: 한니발 전쟁』

(시오노 나나미 지음, 한길사, 1995) 본문 중에서

 스마트폰으로 이 QR코드를 실행하면,
저자가 직접 이 칼럼의 훈련 예문을 낭독한
동영상 자료를 바로 볼 수 있습니다.

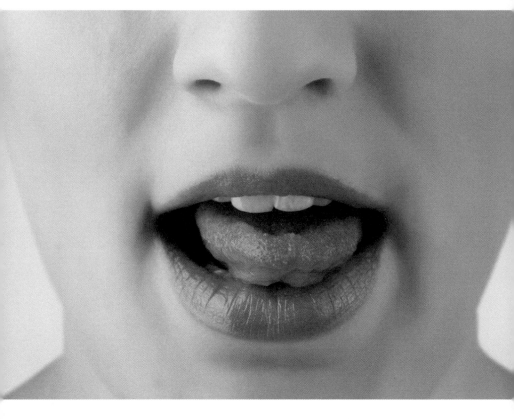

발음을 형성하는 데 있어 혀는 아주 중요한 역할을 한다.
말을 할 때 혀를 내려 공간을 만들어주면
더욱 명료한 소리를 얻을 수 있다.

트레이닝 35

'ㄱ'과 'ㅋ'의 발음을 유의하며 읽자

● 훈련 예문

세르비아 민족주의자들이 **영웅으로** 받드는 **믈라디치**, 그는 누구

_[받뜨는]

인가?

그는 당시 보스니아의 세르비아계 **반:군** 총사령관이었다.

세르비아 대:통령 **슬로보단 밀로셰비치**, 보스니아의 **세르비아계**

지도자 **라도반 카라지치**와 함께 보스니아 **대:학살** 3인방이다.

믈라디치는 보스니아의 세르비아계 **주:민**들을 규합, **무:장반:군**

을 조직해 **수백 년 동안** 같이 살던 이웃을 **공격했다.**
[조지캐] [가치] [공겨깬따]

스레브레니차 등 수:많은 학살을 **직접** 지휘했고,
[수:마는] [직쩝]

3년 넘게 이어진 **사라예보 봉쇄**를 주도했다.

스레브레니차 학살 직전, 현:장을 방문한 **믈라디치**가 만:면에 미소를 띤 채 한 무슬림 **소년의** 머리를 **쓰다듬는** 모습이 나중에 TV를 통해 **방:영**되어 세:계를 **전:율**케 했다.

보스니아 **무슬림**에게 자비를 베푸는 듯 가장한 이 장면을 **연:출한** 직후 **8천 명**이 넘는 소년과 남성들을 죽였고, 여성들을 집단 **성:폭행**했다.

믈라디치는 **1995년 7월 전:쟁범:죄, 대:량학살** 등 **반:인륜 범:죄**를 포함한 **15개의** 죄:목으로 유고전:범재판소에 기소되었다.

『낭만의 길 야만의 길, 발칸 동유럽 역사기행』
(이종헌 지음, 소울메이트, 2012) 본문 중에서

스마트폰으로 이 QR코드를 실행하면,
저자가 직접 이 칼럼의 훈련 예문을 낭독한
동영상 자료를 바로 볼 수 있습니다.

트레이닝
36
'ㅅ'발음에
유의하며 읽자

● 훈련 예문

세르비아는 한때 **한:국** 경제를 크게 **앞섰던** 적이 있었다. 그 상
　　　　　　　　　　　　[압썬떤]　　　　　　　[이썬따]
징이 **자동차 산:업**이다.

베오그라드의 남쪽 **산:업**단지에 1953년 창립된 자동차 업체 '**자
스타바**'는 1955년부터 이탈리아 **피아트**를 모델로 한 '**유고**'라는
브랜드의 자동차를 조립해 유럽과 미국 등 **74개국**에 수출했다.

1999년 **코소보 전:쟁** 때 공장이 나토의 **공:습**을 받아 **파:손**되긴
했지만 **자스타바**는 세르비아의 경제적 **자존심**이었다.

독일과 러시아 모델을 바탕으로 **군용**차량도 만들었다.

우리 **현:대** 자동차가 1967년 설립되어 1975년 '포니'를 처음 생산한 것과 비교하면 **20년이나** 더 빠른 것이다.

『낭만의 길 야만의 길, 발칸 동유럽 역사기행』
(이종헌 지음, 소울메이트, 2012) 본문 중에서

 스마트폰으로 이 QR코드를 실행하면,
저자가 직접 이 칼럼의 훈련 예문을 낭독한
동영상 자료를 바로 볼 수 있습니다.

트레이닝 37

'ㅂ' 발음에 유의하며 읽자

● 훈련 예문

사람들은 왜 자기를 **비:하**하고 **비:난**할까? 몇 가지 **이:유**가 있다.
[멷까지]

우선 자기를 **비:하**하거나 **침울한** 모습을 보이면 다른 사:람들에
[치물한]

게 **측은지심**을 유발시켜 관심을 끌고 **동정**을 받을 수 있다.
[바들 쑤]

자신을 **가련한** 모습으로 드러내면 다른 사람들의 **기대수준**을

낮추고 무리한 **요구**를 받지 않아도 된다.
[낟추고]   [받찌] [안아도]

또 자신을 **비하**할 때 다른 사:람들이 그것을 **부정**하고 **격려**해주
[경녀해주면]
면 스스로 부족하게 느꼈던 **자신감**이 **회복**되는 느낌을 경험할
[부조카게] [느꼍떤]
수도 있다.

그렇다면 정말 다른 사람들의 **관심**과 **격려**를 계:속해서 받을 수
[경녀를]
있을까?

물론 **한동안은** 그럴 수 있다. 하지만 자기 **연민이나** 자기 **비하가**
[연미니나]
계:속되면 사람들은 그를 **기피**할 것이다. 거기에는 몇 가지 **이:**
유가 있다.

첫째, **사:람**들은 그 사:람에게 **관심**을 기울여줘야 하므로 **에너지**
[기우려줘야]
가 소모된다.

둘째, 같이 있으면 **부정적 감:정**이 전염되어 **불쾌해진다.**
[가치] [이쓰면] [저념되어]

셋째, 그런 사:람과 오래 지내면 별로 **얻을 것이 없:다.**
[어들 거시] [업:따]

이처럼 처음에는 다른 사람의 **위로와 격려** 같은 **보상**을 받기 위
[경녀]

해 시작된 자기 비:하의 행동이 다른 사:람들을 **짜증나게** 하고

그로 인해 **보:상**이 오히려 감소되어 **우울증을** 겪게 된다.
[격께]

『끌리는 사람은 1%가 다르다』
(이민규 지음, 더난출판사, 2005) 본문 중에서

스마트폰으로 이 QR코드를 실행하면,
저자가 직접 이 칼럼의 훈련 예문을 낭독한
동영상 자료를 바로 볼 수 있습니다.

"언어와 목소리는 신이 인간에게 준
유일한 선물이다."라는 말이 있다.
목소리는 그 사람의 인격을 나타내는 지표다.

트레이닝
38

'ㅇ'발음에 유의하며 읽자

▶ **훈련 예문**

"그 친구 정:말 왜 그래?" "자네 그거 알아? **김부장** 말:이야…"
[마:리야]

사:람들이 모이면 그 자리에 없:는 사:람을 **입에** 올리는 경우가
[엄:는]

많:다.
[만:타]

등장인물은 주로 **직장** 상사나 **동료, 친구** 등 주변 인물이지만,

정치인이나 **연:예인**이 되기도 한다.
[여:녜인]

연령이나 학력, 직업에 따라 표현 방식이 다르긴 하나, 모였다
[열령]   [항녁]   [지겁]
하면 대개 누군가를 **도마** 위에 올린다.

대:부분 **처음에는** "아무개 있잖아. 그 친구 사:람은 좋은데…" 하
면서 다소 **긍정적으로** 시작한다.

그러나 **이야기**가 진행될수록 "그런데 말이야, 꽉 **막힌** 구석이 있
더라고." 하면서 점차 **험:담** 쪽으로 기운다.

텔레비전을 보면서도 "한동안 안 보인다 했더니 **코** 세웠네."라
[세원네]
고 말:하고, 일 얘기를 하다가도 "그 앤 왜 옷을 그렇게 입고
[입꼬]
다닌데? **창피**해서 같이 못 다니겠어." 하면서 **험담** 쪽으로 흘
러간다.

한 주간지가 남녀 직장인 **1,023명**을 대:상으로 조사한 결과에
따르면 직장인 5명 중 **3명 정도**는 하루 **30분 이상 뒷담화**로 시간
을 보낸다고 한다.

『끌리는 사람은 1%가 다르다』
(이민규 지음, 더난출판사, 2005) 본문 중에서

 스마트폰으로 이 QR코드를 실행하면,
저자가 직접 이 칼럼의 훈련 예문을 낭독한
동영상 자료를 바로 볼 수 있습니다.

이제 배근육 실전 훈련이다. 사실 입과 혀는 어느 정도 내 의지에 따라 크게 벌리고 움직일 수 있지만 배근육은 정말 열심히 트레이닝하지 않으면 생기기 어렵다. 포기하지 말자. 절대 포기하지 말자. 남들이 잘 못하는 것을 해냈을 때의 그 기분은 말로 표현할 수 없을 정도로 좋지 않은가? 할 수 있다. 반드시 할 수 있다. 이 훈련에서 잊지 말아야 할 것은 바로 배근육뿐만 아니라 입근육도 함께 움직여줘야 한다는 것이다. 배는 눌러주는데 입은 열리지 않으면 아무 소용이 없기 때문이다.

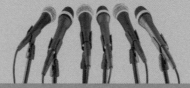

voice
training

3장

배근육 실전 훈련

39

모음 변화를 의식하며
입근육을 크게 벌려보자

▶ 훈련 예문

사:람들이 뭔가를 **주고받는** 모습을 잘 살펴보면 **두 가지 유:형이**

관찰된다.

어떤 사:람은 주로 **먼저 주고 나중에 받는다.** 또 어떤 사람은 **받**

고 나서 나중에 준다.

사람들은 누구를 더 **좋:아하며** 누가 더 **성공할** 가능성이 클까?
            [조:아하며]

얼핏 보면 '**주고 받는 것**'이나 '**받고 주는 것**'이나 그게 그것이다.

좋은 목소리를 위한 실전 트레이닝

하지만 **효과** 면에서 보면, 그 둘은 **완전히** 다르다.

'**받는 만큼만** 일하겠다.'라고 생각하는 사:람들이 많:다.
　　[반는]　　　　　　　[일하겐따]　　　　[생가카는]　　　　　　[만:타]

그들은 **보:수** 이:상으로 열심히 일하는 사:람들을 **어리석다고** 비
　　　　　　　　　　　　　[열씸히]

웃는다.

그러면서 '더 **많:이** 주면 더 **열심히** 일할 것'이라고 생각한다.
　　　　　　　　　　　　　　[열씸히]　　　　　　　[생가칸다]

여러분이 **고용주**라면 이들에게 더 **많:은 보:수**를 지급하겠는가?
　　　　　　　　　　　　　　　　　　　　　[지그파겐는가]

더 **많:은 보:수**를 받고 싶다면 먼저 보:수 **이:상의** 일을 해야

한다.

그리하여 **회:사**에 **없:어서는 안 될** 사:람이 되어야 한다.
　　　　　　　　　　[업:써서는]

그래야 더 **많:은** 보:수를 지불하면서도 사장이 **붙잡고** 싶은
　　　　　　　　　　　　　　　　　　　　　[붇짭꼬]　[시픈]

사원이 된다.

사장이 당신에게 **지불**하는 보:수보다 당신을 **고용**해서 얻는 **가**
치가 더 크지 않다면 당신은 어딜 가든 **위태로운** 삶을 살아야
[안타면]   [살믈]
한다.

그런데도 왜 **많:은** 사람들이 먼저 **제공**하기를 꺼려할까?
[마:는]

미래를 보는 눈이 **없기 때문이다.** 그들에게는 **현:재만** 있다.
[업끼]

그래서 **장기적인** 시각에서 **행동**을 **선:택**하지 못한다.

『끌리는 사람은 1%가 다르다』
(이민규 지음, 더난출판사, 2005) 본문 중에서

 스마트폰으로 이 QR코드를 실행하면,
저자가 직접 이 칼럼의 훈련 예문을 낭독한
동영상 자료를 바로 볼 수 있습니다.

어린이 스피치를 지도하다 보면
부모와 아이의 말버릇이
굉장히 비슷하다는 것을 알 수 있다.

입모양을 크게 하는 것에
유의하며 읽자

▶ **훈련 예문**

네 소:**원**이 무엇이냐 하고 **하느님**이 내게 물으시면, 나는 **서슴지**
　　　　[무어시냐]　　　　　　　　　　　　　　[무르시면]　　　　　　[서슴찌]

않고 "내 소:**원**은 **대:한 독립**이오." 하고 **대:답할** 것이다. 그다음
[안코]　　　　　　　　　[동닙]　　　　　　　[대:다팔 꺼시다]

소:**원**은 **무엇이냐** 하면, 나는 또 "우리나라의 **독립**이오." 할 것이
　　　　　　　　　　　　　　　　　　　　　　　[동닙]　　　　　[할꺼시오]

요, 또 그다음 소:**원**이 **무엇이냐** 하는 **세 번째** 물음에도, 나는 더

욱 **소리를** 높여서 "나의 소:**원**은 우리나라 **대:한의** 완전한 **자주**
　　　　　　　[노펴서]

독립이오." 하고 대:답할 것이다.
[동닙]　　　　　　　[대:다팔]

동포 여러분! 나 **김구**의 소:**원**은 이것 **하나밖에는** 없다. 내 **과:거**
　　　　　　　　　　　　　　　　　　　[하나바께는]

의 **칠십** 평생을 이 **소:원**을 위하여 살:아왔고, **현:재**에도 이 **소:**
[사라:완꼬]

원 때문에 살:고 있고, **미:래**에도 나는 이 **소:원**을 달하려고 살:

것이다.
[꺼시다]

독립이 없:는 백성으로 칠십 평생에 **설:움과 부끄러움과 애:탐**을
[동닙]   [서:룸과]

받은 나에게는, 세:상에 가장 좋:은 것이, 완전하게 자주 **독립할**
                                    [조:은 거시]   [동니팔]

나라의 **백성으로** 살:아 보다가 죽는 일:이다.
[나라에] [백썽]   [중는]

나는 일찍이 우리 독립 정부의 **문지기**가 되기를 원하였거니와,
[일찌기]   [동닙]

그것은 우리나라가 독립국만 되면 나는 그 나라의 가장 **미천한**
                              [동닙꿍만]

자가 되어도 좋:다는 뜻이다. 왜 그런고 하면, 독립한 제 나라의
            [조:타는 뜨시다]   [동니판]   [나라에]

빈천이 남의 밑에 사:는 **부:귀**보다 기쁘고 **영광**스럽고 희망이
                  [미테]

많:기 때문이다.
[만:키]

『나의 소원』
(김구 지음) 본문 중에서

스마트폰으로 이 QR코드를 실행하면,
저자가 직접 이 칼럼의 훈련 예문을 낭독한
동영상 자료를 바로 볼 수 있습니다.

트레이닝 41 복식호흡과 채누보의
원칙을 유의하며 읽자 ①

● 훈련 예문

"모든 것을 **귀**로 듣지 말고 **마음**으로 들어야 한다.
　　　　　[거슬]　　[듣찌]　　　　　　[드러야]

이건 **공:자님** 말:씀이 아니라 **자연이** 내게 가르쳐준 게야.
　　　　　　　[말쓰미]　　　　[자여니]

하지만 **마음**으로 들었다 해도 아직 **충분하지** 않아.
　　　　　　　　　　[드럳따]

마음을 **공허하게** 비웠을 경우에만 자연이 주는 **지혜의** 목소리
　　　　　[비워쓸]　　　　　　　　　　　　[지혜에][지혜에]　[목쏘

를 들을 수 있지.
리를] [드를 쑤 읻찌]

사:람들 사이에서도 마찬가지야.

내가 **마음을** 비우고 **준비가** 되면 상대는 **진실을** 들려주게 되지.
[마으믈]   [진시를]

그건 **자연의** 생명이 서로 **주고받는 것과** 같네.
[자여네]   [반는 걷꽈 간네]

마치 **영혼의** 귀가 열리는 것과 같지.
[영호네]   걷꽈 갇찌]

영혼의 귀를 가진다는 것은 자연이 주는 **축복이라네.**
[영호네]   [축뽀기라네]

사:람이든 나무든 그들에게 다가가서 무어라 **말:하는지 진심으**
[사:라미든]   [그드레게]

로 들어보게.
[드러보게]

육체의 귀는 힘을 잃더라도, **영혼의** 귀는 날마다 **열리게** 될 것
[육체에]   [히믈] [일터라도] [영호네]   [뒐꺼

이네. 영혼의 귀가 열리는 **축복은** 바로 자네의 **마음에** 달려 있
시네] [영호네]   [축뽀근]   [마으메]   [읻

다네.
따네]

『경청: 마음을 얻는 지혜』
(조신영·박현찬 지음, 위즈덤하우스, 2007) 본문 중에서

스마트폰으로 이 QR코드를 실행하면,
저자가 직접 이 칼럼의 훈련 예문을 낭독한
동영상 자료를 바로 볼 수 있습니다.

트레이닝 42

복식호흡과 채누보의
원칙을 유의하며 읽자 ②

● 훈련 예문

27세의 사령관 **스키피오**는 경무장 **보:병** 전원과 **온정**주의로

획득한 에스파냐 원주민 **참가병들에게** 우선 **강을** 건:너게 했다.
[획뜨칸]

그리고는 겨우 평원에 **포:진을** 끝낸 적의 **전:위부대를** 공:격하
[끈낸]　[저게]　　　　　　　　　　[공겨카]

게 했다.
게[]　[핸따]

이것은 본대의 출전을 재촉하는 **미끼**였다.
　　　　　　　　　[재초카는]

하스드루발은 이 **미끼**에 덤벼들었다.
　　　　　　　　　[드럳따]

좋은 목소리를 위한 실전 트레이닝

하지만 **스키피오**는 **평원**으로 몰려나온 적의 **본대가 진형**을 갖출 **여유**를 주지 않았다.

강 이쪽에서 **대:기**하고 있던 중무장 **보:병**과 **기병** 전원이 **노도처럼** 강을 건너기 시작했다.

우익을 지휘하고 있는 **스키피오**. 좌익은 **라일리우스**가 지휘했다.

이 양군이 이제 막 **진형**을 갖추고 있는 적의 본대의 **측면**으로
[갖추고]
돌아갔다.

『로마인 이야기 2: 한니발 전쟁』
(시오노 나나미 지음, 한길사, 1995) 본문 중에서

스마트폰으로 이 QR코드를 실행하면,
저자가 직접 이 칼럼의 훈련 예문을 낭독한
동영상 자료를 바로 볼 수 있습니다.

프로다운 자신감과 책임감이 묻어나오는 목소리로
당당하게 이야기해야 면접관을 유혹할 수 있다.

트레이닝 43 길게 말하는 장음을
신경 쓰며 읽자

▶ 훈련 예문

"강사님도 **무:대** 위에서 **떨리세요?**" 라는 말을 참 **많:이** 듣는다.
[든는다]

이럴 때마다 난 왜 나에게 이런 **질문을** 하는지 참 **이:해를** 할 수

가 **없:다.**
[업:따]

그럼 난 속으로 '당연한 걸 **왜 묻지?**'라는 생각이 든다. 나 역시
[소그로]

떨린다.

아니 **정:말 많:이** 떨린다. **아나운서**와 **쇼핑호스트** 생활을 했지만.
[핸지만]

196

그리고 지난 **8년** 동안 기업체 **강:의에** 수없이 섰던 나 역시 **많이**
[수업씨]　[섣떤]

떨린다.

떨리지 않게 하는 **약은** 없다. 마치 '**불로장생**'의 약이 **없는** 것처
[엄는]

럼 말이다.

두려움은 크게 **두 가지가** 있다.

'**준:비하지 않아서** 오는 두려움' 또 하나는 '**준:비했는데** 과연

준:비한 대로 잘할 **수 있을까?** 에 대한 두려움' 전자의 두려움은

기분이 꽤 **좋지를** 못하다.
[조치를]　[모타다]

준:비를 하지 않았기 때문에 **발표날짜가** 다가올수록 더욱 **조바**
[아날끼]　[때무네]

심이 난다.

하지만 **후:자의** 두려움은 오히려 **설레다.**

그리고 어떤 경우에는 빨리 **발표 날이** 왔으면 **좋겠다는** 생각도
[와쓰면]　[조켇다는]

든다.

발표에 대한 준:비를 하지 않아서 오는 두려움을 갖고 무:대 위
[갇꼬]
에 올라서는 절대 안 된다.

그건 내 무:대를 보러온 청중에 대한 '기만'이다. 준:비를 하자.

명확히 나는 발표를 잘할 수밖에 없:다라는 생각이 들 때까지 철
[명화키]   [수바께]
저히 준:비를 하는 것이다.

서:론, 본론, 결론이라는 논리적인 뼈대를 세우고 사:람들을
[놀리]
설득할 수 있는 에피소드를 준비하고 보이스와 보디랭귀지까지
[설뜨칼 쑤 인는]
점검하자.

만약 이것들 가운데 무언가 한 가지라도 부족한 것이 있다면 잠
을 자지 않고서라도 준비를 해야 한다.
[안코서라도]

그래야 무:대 위에서 진정으로 즐거운 나, 무대를 즐기는 나를
발견할 수 있을 것이다.

스마트폰으로 이 QR코드를 실행하면,
저자가 직접 이 칼럼의 훈련 예문을 낭독한
동영상 자료를 바로 볼 수 있습니다.

트레이닝
44

목소리 채색을
유의하며 읽자 ①

▶ **훈련 예문**

자존감이 있는 사람은 스스로를 **비:하**하지 않는다.
[안는다]

'**자존감**'과 '**자신감**'의 가장 큰 차이는 '**누구로부터 나오냐?**'이다.

자신감은 **타인**에서부터 나온다. 내가 **영어**점수를 80점 맞았다.
[마짤따]

그런데 **엄마친구 딸**은 이번에 100점을 맞았다고 한다.
[마짤따고]

그런데 이 친구와 내가 **영어대:회**를 함께 나가게 됐다.

200

그럼 난 엄친딸보다 **점수가 낮기 때문에 자신감이** 생길 수가
[낟끼] [때무네]

없:게 된다.
[업:께]

반면에 **자존감**은 그냥 나 **스스로**를 **존중하고 사랑**하는 것이다.
[반며네]

"그래, 난 이번 영어시험에서 **80점을** 맞았어.
[마자써]

이 정도도 아주 **훌륭해.** 열심히 **준:비**해서 영어 대:회에 나가

멋지게 발표를 해야지.
[멋찌게]

어떻게 하면 준비를 **잘할 수** 있을까?"라고 생각하는 것이 바로
[어떠케]

자존감이다.

자신감은 '**비:교 우위**'이고 자존감은 '**절대 우위**'다.

나 자신을 누군가에게 **비:교**하는 것이 아니라 나 자신 스스로를
[거시]

사랑하는 것이다.
[거시다]

그런데 이러한 **자존감**이 낮은 사:람들이 우리 주변에 **많다.**
[나즌] [만타]

그리고 **자신감과 자존감**을 남에게 구걸한다. 사실 타인의 **평:가**

는 그리 중요하지 않다.

과연 내가 내 스스로를 믿고 **사랑할 수 있도록** 내 **기준에 맞는**
                                                                    [만:는]
삶:을 살고 있는가?
[살:믈]

이 점이 매우 **중:요**하다. 그럼 내가 내 자신을 **믿을 수 있어** 자존
                                                          [미들 쑤]
감도 올라가고 더불어 **자신감**도 생기게 되는 것이다.

스마트폰으로 이 QR코드를 실행하면,
저자가 직접 이 칼럼의 훈련 예문을 낭독한
동영상 자료를 바로 볼 수 있습니다.

사람들에게 신뢰감을 주는 목소리를 내고 싶은가?
그럼 지금 당장 '목소리'를 가꿔라.

트레이닝 45 목소리 채색을 유의하며 읽자 ②

▶ 훈련 예문

'**아부**'라는 말:만 들어도 **거:부** 반:응을 일으키며 "필요 없어. 나

는 **실력**으로 승부할 거야."라고 하는 사람들이 있다.
　　[실려그로]

그 **정신**은 높이 살 만하지만, '정:말 **실력**이 있는 사:람'은 아부
　　　[노피]　　　　　　　　　　　　　[실려기] [인는]

에 **능숙한** 사:람이다.
　[능수칸]

'**아부**'라는 말 때문에 **오:해**가 생길 수도 있겠지만, 중:요한 것은
　　　　　　　　　　　　　　　　[인겐찌만]

'상대방의 심리를 읽어 기분 좋:게 해줄 수 있는 **타이밍과 기술**
　　　　　[심니를 일거]　　　　[조:케]

을 몸에 익힌다.'는 사실이다.
　　[이킨다는]

그것이 결과적으로 **일의 성공**으로 연결된다.

반:대로 생각해보자. '**절대로** 아부를 하지 않는 사:람'이라고
하면 어딘지 '**비꼬는 것 같은**' '**잘난체 하는**' '**무뚝뚝한**'과 같이
            [가튼]   [가치]
훨씬 더 **나쁜** 이미지가 떠오르고 인간적으로 **팍팍하다는** 느낌
도 준다.

그러면 어떻게 상대방을 기분 **좋:게** 만들 수 있을까?
                        [조:케]

첫째, 상대방의 **비:위를** 맞춘다.
                    [맏춘다]

상대방의 이야기에 "그것 참 **대:단하군요.** 깜짝 놀랐습니다."라
                                      [놀랃씀니다]
고 **감:탄**할 것. 그 한마디가 상대방의 **자존심**을 살려준다.

둘째, **동조**한다. 상대방의 **의:견**에 "말:씀하시는 대로입니다. 사
실은 저도 그 **말:을** 하고 싶었습니다."라고 **맞장구**를 친다.
            [시펃씀니다]   [맏짱구]

가:능하면 상대방의 **입장이나 의:견**을 미리 확인해두었다가 상
              [입짱]
대방을 만났을 때 "저는 그 **문:제를** 이렇게 생각하고 있습니
                                            [읻씀니

다."라고 상대방과 같은 의:견을 드러내면 효:과는 **두 배가** 될
다]　　　　　　　　　[가튼]　　　　　　　　　　　　　　　　　　[될]

것이다.
꺼시다]

셋째, **친절**하게 대한다.

"**목이** 마르지 않으세요? **차를** 준비할까요?" "이 건에 대해서는
　　　　　[아느세요]

여러 가지 자료를 **수집할** 필요가 있을 것 같습니다. 그 일은 제
　　　　　　　　　[수지팔 피료가 이쓸 껃 갇씀니다]

가 할 테니 다른 일을 **처리**해주십시오."라고 상대를 **배:려한다.**

마지막으로 넷째, 스스로를 **낮춘다.**
　　　　　　　　　　　　　[낟춘다]

"저는 아직 **역부족**입니다. 앞으로 많이 지도해주십시오."라고 하
　　　　　[역뿌족]

면 상대방을 높이는 **모양새**가 된다.

『호감도 200% up 시키는 관계 기술』
(시부야 쇼조 지음, 지식여행, 2009) 본문 중에서

스마트폰으로 이 QR코드를 실행하면,
저자가 직접 이 칼럼의 훈련 예문을 낭독한
동영상 자료를 바로 볼 수 있습니다.

라온제나 스피치에서 지난 8년간 목소리의 변화를 원하는 많은 분들을 만났다. 대부분 목소리가 작거나 목이 금방 쉬거나 아기 같거나 톤이 높거나 말을 더듬는 등의 이유로 자신감을 많이 잃으신 분들이 대부분이었다. 보이스 트레이닝 수업 1,000기수가 넘을 정도로 많은 분들의 목소리를 트레이닝 한 결과, 이런 목소리는 이렇게 교정해야 한다는 해답을 알게 되었다. 목소리 연습, 막막해하지 마라. 다음의 케이스별 훈련법을 통해 마치 필자에게 원포인트 레슨을 받는다는 생각으로 꾸준히 연습해보자.

• 3부 •

목소리 고민을 해결하는
케이스 클리닉

사이시옷 발음을 잘 못하는 사람들을 보면 대부분
혀꼬리(혀 앞) 부분이 이와 이 사이에 떠 있는 경우
가 많다. 물론 혀꼬리 부분뿐만 아니라 혀뿌리(목젖
아래 부분)까지 전체적으로 입 바닥에 가라앉지 않
고 떠 있다. 이렇게 혀가 중간에 뜨는 이유는 첫째,
톤이 높아서, 둘째. 혀 근육이 둔탁해서, 셋째, 입을
벌리지 않아서, 이렇게 3가지 원인으로 귀결된다.

voice
training

1장

‘ㅅ’ 발음이 새는 느낌이에요

트레이닝 46

심장 집중 호흡으로
목소리 톤을 내린다

✓ **훈련 포인트**

내가 내는 소리보다 훨씬 더 낮은 음이 나올 수 있도록 계속 소리를 내본다. 항상 말할 때 지금 내가 낼 수 있는 가장 낮은 톤을 낼 수 있도록 의식한다.

❗ **훈련 방법**

• 배까지 숨을 깊게 5초간 들이마신 다음, 다시 5초간 숨을 내쉰다. 이때 배에 숨이 들어가는 것과 나가는 것을 하나씩 느껴본다.

- 숨을 한꺼번에 들이마시고 뱉지 않도록 주의한다.

- 호흡을 가슴이 아닌 배로 담고 뱉는 것을 느껴보자.

- 배까지 숨을 채운 다음, 낮은 톤으로 "아~" 하고 숨이 다 나갈 때까지 소리를 내보자.

- 다시 한 번 숨을 들이마시고 조금 전보다 더 낮게 "아~" 하고 소리를 내보자. 이때 숨이 어디에 담기고, 소리를 낼 때 근육의 어느 부분이 움직이는지 관찰해보자.

말을 잘하고 목소리가 좋은 사람들이 많다는 것은
나 역시도 연습을 하면 그렇게 될 수 있다는 증거다.

트레이닝
47

혀근육
훈련

● 훈련 포인트

'사과, 소나무, 실수, 시소, 소쩍새' 등 시옷 발음을 소리 내어보
자. 이때 아랫니와 윗니 사이에 혀가 닿아서는 안 된다. 윗니 안
쪽에는 혀가 닿아도 되지만 이와 이 사이에는 혀가 중간에 끼어
들어가서는 안 된다. 즉 이와 이 중간에 혀가 위치하기보다는
윗니 안쪽과 윗 천장이 만나는 부분에서 시옷 발음이 만들어져
야 한다.

❶ 훈련 방법

- 거울을 앞에 두고 입을 크게 벌려보자.
- 입안의 혀뿌리와 꼬리가 모두 내려가 있는지 확인해보자. 이때 고개를 조금 들어도 목젖과 목구멍이 보이지 않으면, 혀가 중간에 떠 있다는 것이다.
- 하품 하듯이 입을 벌려주자. 혀뿌리에 수축하는 힘이 느껴질 것이다.
- 혀를 위로 들었다 아래로 내렸다 하기를 5회 반복하자. (처음에는 근육이 유연하지 않아 잘 안 될 수 있다. 하지만 계속 시도하다보면 근육이 탄력적으로 바뀌게 돼 수월해진다.)
- 입을 크게 벌리지 않으면 혀는 움직이지 않으니 이때 입을 크게 벌려준다.
- '아라라라라롱'을 5회 반복해서 소리 내어주자.

트레이닝
48

입근육
훈련

● 훈련 포인트

밖에 있는 입만 크게 하는 것이 아니라 입안도 크게 넓혀주자.

❶ 훈련 방법

• 거울을 앞에 두고 입을 크게 벌려보자.

• 입 양쪽 꼬리를 위로 들어줄 정도로 옆으로 벌려보자.

• 아래 위로 크게 손가락 3개는 들어갈 정도로, 즉 하품을 하듯
  이 입을 크게 벌려보자.

• 숨을 다 뱉어낼 때까지 길게 소리를 내자.

- "여아~~" 하고 소리를 내자.
- "야아~~" 하고 소리를 내자.
- "요아~~" 하고 소리를 내자.
- "유아~~" 하고 소리를 내자.
- "와아~~" 하고 소리를 내자.
- "워아~~" 하고 소리를 내자.
- "외아~~" 하고 소리를 내자.
- "위아~~" 하고 소리를 내자.

목소리가 너무 작고 웅얼거리는 사람은 일단 입을 크게 벌리지 않는다. 그리고 복식호흡으로 숨을 배에서 입으로 끌어올리지 않는다. 목소리 훈련의 가장 기본기인 배짜기 훈련과 입안의 아치 넓히기 훈련을 통해서 강하고 자신감 있고 밖으로 토해져 나오는 목소리를 만들어보자.

voice
training

2장

목소리가
너무 작고 웅얼거려요

배짜기
훈련

✔ 훈련 포인트

숨을 복식호흡존(마지막 갈비뼈부터 배꼽 아래 5cm까지)에 채운
다. 배근육이 등가죽과 붙는다는 생각이 들 정도로 "아~~" 하
고 확 눌러본다. 이때 배근육이 제대로 수축되면 양쪽 골반뼈
윗부분의 근육이 딱딱해짐을 느낄 수 있다. 마치 우리가 아침에
화장실에 가서 큰 볼일을 볼 때 배에 힘이 가해지는 것처럼 말
이다. 이때 배근육에 수축하는 힘이 가해져야 한다. 그래야 훨
씬 더 안정적인 소리를 얻을 수 있다.

❶ 훈련 방법

① 20초 배짜기 연습법

• "아~~" 하고 20초 동안 소리를 계속 내주자. 이때 소리가 나가면서 배가 수축하는 것을 느껴보자.

• "안녕하세요, 안녕하세요, 안녕하세요."를 반복하면서 20초 동안 소리를 내자.

② 스타카토 배짜기 연습법

• "아! 아! 아!" 스타카토로 세 음절의 소리를 내자. 이때 숨을 들이마시고, "아!" 하고 다시 숨을 들이마시고, "아!" 하고 다시 숨을 들이마시고, "아!" 하고 뱉어보자.

③ 단어 전체 배짜기 연습법

• "안녕하세요."라는 단어를 숨을 들이마신 다음, 배를 짜면서 말해보자.

• "반갑습니다."라는 단어를 숨을 들이마신 다음, 배를 짜면서 말해보자.

• "사랑합니다."라는 단어를 숨을 들이마신 다음, 배를 짜면서 말해보자.

뉴스 원고를 따라 읽다보면
신뢰감을 주는 리듬감과 정확한 발음을 얻을 수 있다.

트레이닝 50 입안의 아치 넓히기 훈련

● 훈련 포인트

목젖을 위로 들어 아치의 모양을 크게 해줄 때 좋은 소리가 나
온다.

● 훈련 방법

거울을 앞에 두고 입안을 벌려 "아~"라고 소리 내자. 만약 이때
목젖이 보이지 않으면 너무 톤이 높은 것이다. 편안한 저음으로
"아~"라고 소리를 내면 혀가 아래로 내려가며 목의 아치가 보
인다. 입을 양쪽으로 더 벌린 다음 "아~"라고 다시 한 번 말하

자. 그러면 아치가 좀 전보다 훨씬 넓고 높아지는 것이 느껴진다. 그다음 더 입모양을 크게 벌려 "아~"라고 소리 내어주자. 그러면 훨씬 더 높고 넓어진 아치를 볼 수 있을 것이다.

"아~아~~" 하고 소리를 내면서 조금씩 입모양을 더 크게 벌려보자.

"음~아~~" 하고 소리를 내면서 조금씩 입모양을 더 크게 벌려보자.

"음~아~~" 하고 소리를 내면서 조금씩 입모양을 더 크게 벌려보자.

"이~아~~" 하고 소리를 내면서 조금씩 입모양을 더 크게 벌려보자.

"에~아~~" 하고 소리를 내면서 조금씩 입모양을 더 크게 벌려보자.

"와~아~~" 하고 소리를 내면서 조금씩 입모양을 더 크게 벌려보자.

"워~아~~" 하고 소리를 내면서 조금씩 입모양을 더 크게 벌려보자.

"외~아~~" 하고 소리를 내면서 조금씩 입모양을 더 크게 벌려

보자.

"위~아~~" 하고 소리를 내면서 조금씩 입모양을 더 크게 벌려
보자.

트레이닝
51

채누보의 원칙

훈련 포인트

심장 집중 호흡을 5회 이상 실시한다.

훈련 방법

숨을 배까지 깊숙이 채우고 그 숨을 위로 끌어올리며 "아~~" 하고 소리를 내자.

숨을 배까지 깊숙이 채우고 그 숨을 위로 끌어올리며 "오~~" 하고 소리를 내자.

숨을 배까지 깊숙이 채우고 그 숨을 위로 끌어올리며 "우~~"

하고 소리를 내자.

숨을 배까지 깊숙이 채우고 그 숨을 위로 끌어올리며 "이~~" 하고 소리를 내자.

숨을 배까지 깊숙이 채우고 배근육으로 배를 누르며 "아!" 하고 스타카토로 소리를 내자.

숨을 배까지 깊숙이 채우고 배근육으로 배를 누르며 "오!" 하고 스타카토로 소리를 내자.

숨을 배까지 깊숙이 채우고 배근육으로 배를 누르며 "우!" 하고 스타카토로 소리를 내자.

숨을 배까지 깊숙이 채우고 배근육으로 배를 누르며 "이!" 하고 스타카토로 소리를 내자.

숨을 배까지 깊숙이 채우고 배근육으로 배를 누르며 "안녕(안녀 엉~~)" 하고 소리를 위로 끌어올리자.

숨을 배까지 깊숙이 채우고 배근육으로 배를 누르며 "안녕하세 요~~"라고 소리를 위로 끌어올리자.

사실 사투리는 친근하고 정겨운 느낌을 준다. 하지만 취업 준비생이라면, 서울에서 근무하는 직장인이라면, 서비스 업무를 하는 사람이라면 사투리가 하나의 장애가 될 수 있다. 사투리의 교정 방법은 딱 하나다. '목소리의 선'을 바꿔주는 것이다. 사투리가 갖고 있는 목소리의 선을 서울말, 즉 표준어의 선으로 바꿔주면 된다. 라온제나만의 '리듬 스피치' 기법을 통해 목소리의 선을 세련되고 신뢰감 있게 바꿔보자.

voice
training

3장

지방 출신이라
사투리를 써요

입안의 아치 넓히기 훈련

◑ 훈련 포인트

목젖을 위로 들어 아치의 모양을 크게 해줄 때 좋은 소리가 나
온다.

❶ 훈련 방법

거울을 앞에 두고 입안을 벌려 "아~"라고 소리 내보자. 만약 이
때 목젖이 보이지 않으면 너무 톤이 높은 것이다. 편안한 저음
으로 "아~"라고 소리를 내면 혀가 아래로 내려가며 목의 아치
가 보인다. 입을 양쪽으로 더 벌린 다음 "아~"라고 다시 한 번

말해보자. 그럼 아치가 좀 전보다 훨씬 넓고 높아지는 것이 느껴질 것이다. 그다음 더 입모양을 크게 벌려 "아~"라고 소리 내자. 그러면 훨씬 더 높고 넓어진 아치를 볼 수 있을 것이다.

"아~아~~" 하고 소리를 내주면서 조금씩 입모양을 더 크게 벌려보자.

"음~아~~" 하고 소리를 내주면서 조금씩 입모양을 더 크게 벌려보자.

"음~아~~" 하고 소리를 내주면서 조금씩 입모양을 더 크게 벌려보자.

"이~아~~" 하고 소리를 내주면서 조금씩 입모양을 더 크게 벌려보자.

"에~아~~" 하고 소리를 내주면서 조금씩 입모양을 더 크게 벌려보자.

"와~아~~" 하고 소리를 내주면서 조금씩 입모양을 더 크게 벌려보자.

"워~아~~" 하고 소리를 내주면서 조금씩 입모양을 더 크게 벌려보자.

"외~아~~" 하고 소리를 내주면서 조금씩 입모양을 더 크게 벌려보자.

"위~아~~" 하고 소리를 내주면서 조금씩 입모양을 더 크게 벌

려보자.

동그란
목소리

✔ **훈련 포인트**

목소리를 동그랗게 한다는 것은 음절의 첫 음절에 악센트를 준다는 것이다. 첫음절에 악센트를 주며 소리를 강하게 위로 올려준다. 이때 잊지 말아야 할 것이 바로 '소리의 시작점이 어디냐?' 하는 것이다.

소리의 시작점은 절대 목이 되어서는 안 된다. '채누보의 원칙'에 맞춰 숨을 배에 채운 다음, 소리의 시작점을 배에서부터 시작해 입 위로 끌어올려야 한다. 즉 동그라미의 시작은 목이 아니라 배임을 잊지 말자. 그리고 나서 말끝 어미는 살짝 내려주자. 말끝 어미가 올라가면 말의 품격이 현저히 떨어진다. 어

■ 제스처를 동그랗게 하는 모습

미는 아래로 살짝 내려주면서 감싸주자. 그럼 훨씬 더 자신감 있으면서도 편안한 목소리가 나온다.

● 훈련 예문

단어를 쪼갠 다음, 첫음절에 강한 악센트를 주고 어미는 아래로 내려주는 느낌으로 소리를 내보자.

최근에는 / 스마트폰 / 제조 / 업체들이 / 최첨단 / 디지털 / 카메라 / 기능이 / 담긴 /

신제품을 / 잇따라 / 출시 / 하고 / 있습니다. / 일반 / 디지털 / 카메라와 / 맞먹는 /

1,300만 / 화소를 / 갖춘 / 제품에다 / 연속 / 촬영 / 기능까지 / 갖추면서 / 소형 / 디지

털 / 가전 / 시장을 / 위협하고 / 있습니다. /

호흡은 목소리를 만들어내는 재료이자
말에 감정이라는 생명력을 넣는 수단이기도 하다.

리듬 스피치
훈련

● 훈련 포인트

리듬 스피치의 첫 번째 방법은 바로 '쪼개기(segmentation)'
다. 단어와 단어를 잘 들리게끔 모두 쪼개보자.

리듬 스피치의 두 번째 방법은 '악센트를 주는 것'이다. 먼저
단어 첫 음절에 악센트를 주자. 쪼갠 단어의 첫 음절에 악센트
를 주면 발음이 명료하게 잘 들리게 된다. 더군다나 첫 음절에
악센트를 주다 보면 자연스럽게 단어에 대한 이해도도 올라가
게 된다.

말에 리듬을 넣는 리듬 스피치의 마지막 방법은 바로 '노래
부르듯 말하기'다.

● 훈련 예문

기형아 / 유발 / 우려가 / 있는 / 약물을 / **복용한** / 사람이 / **헌혈을** / 하고 / 이들이 / **헌혈한** / 혈액이 / 가임 / 여성을 / 포함한 / **수** / **백명**에게 / **수혈** / 되는 / 사고가 / 또 / 다시 / **발생** / 했다는 / 주장이 / 제기 / 됐습니다.

이렇게 잘게 단어를 쪼개보자. 여기서 굳이 '수백 명'까지 쪼개는 것은 '백 명'이라는 단어가 들리게 하기 위해서다. 그냥 '수백 명'을 대충 읽어버리면 '백'이라는 단어가 잘 들리지 않아서다. '발생했다'도 마찬가지다. '발생했다'를 그냥 빨리 읽어버리면 말의 느낌 자체가 대충 얼버무린다는 느낌을 줄 수 있다. '발생'과 '했다는'으로 쪼개서 읽어야 보다 더 명확해진다.

목소리의 톤이 너무 높고 말이 빠른 사람들은 기본
적으로 한 음 한 음을 제대로 성의 있게 진하게 발
음하기보다는 후루룩 날리면서 말하는 경우가 많다.
가가거거 발음법을 통해 정확한 모음의 음가를 내
다 보면 훨씬 말의 속도가 느려질 수 있다. 또한 목
소리의 톤이 높다는 것은 그만큼 숨을 담는 위치가
높다는, 즉 흉식호흡을 하고 있다는 것이다. 흉식호
흡이 아닌 배로 하는 복식호흡을 통해 목소리의 무
게 중심을 아래로 내려야 한다. 또한 시계 초침 연
습법을 통해 전체적인 호흡의 길이도 늘려주면 훨
씬 여유 있게 말할 수 있다.

voice
training

4장

목소리 톤이 너무 높고
말이 빨라요

가갸거겨
발음법

● 훈련 포인트

다음의 원고를 소리 내어 읽어보자. 이때 손거울을 앞에 두고
내가 제대로 입을 크게 벌리고 있는지 확인하고, 또 음절 안에
들어가 있는 'ㅊ, ㅋ, ㅌ, ㅍ' 표현을 명확히 해주는지 의식하며
읽어보자.

● 훈련 예문

가 갸 거 겨 고 교 구 규 그 기
나 냐 너 녀 노 뇨 누 뉴 느 니

다 댜 더 뎌 도 됴 두 듀 드 디
라 랴 러 려 로 료 루 류 르 리
마 먀 머 며 모 묘 무 뮤 므 미
바 뱌 버 벼 보 뵤 부 뷰 브 비
사 샤 서 셔 소 쇼 수 슈 스 시
아 야 어 여 오 요 우 유 으 이
자 쟈 저 져 조 죠 주 쥬 즈 지
차 챠 처 쳐 초 쵸 추 츄 츠 치
카 캬 커 켜 코 쿄 쿠 큐 크 키
타 탸 터 텨 토 툐 투 튜 트 티
파 퍄 퍼 펴 포 표 푸 퓨 프 피
하 햐 허 혀 호 효 후 휴 흐 히

목소리는 사람의 성격을 파악하거나
첫인상을 좌우하는 중요한 요소 중 하나다.

배짜기
훈련

● **훈련 포인트**

숨을 복식호흡존(마지막 갈비뼈부터 배꼽 아래 5cm까지)에 채운다.
배근육이 등가죽과 붙는다는 생각이 들 정도로 "아~~"하
고 확 눌러본다. 이때 배근육이 제대로 수축되면 양쪽 골반뼈
윗부분의 근육이 딱딱해지는 것을 느낄 수 있다. 마치 우리가
아침에 화장실에 가서 큰 볼일을 볼 때 배에 힘이 가해지는 것
처럼 말이다. 이때 배근육에 수축하는 힘이 가해져야 한다. 그
래야 훨씬 더 안정적인 소리를 얻을 수 있다.

❶ 훈련 방법

① 20초 배짜기 연습법

• "아~~" 하고 20초 동안 소리를 계속 내자. 이때 소리가 나가면서 배가 수축하는 것을 느껴보자.

• "안녕하세요, 안녕하세요, 안녕하세요."를 반복하면서 20초 동안 소리를 내주자.

② 스타카토 배짜기 연습법

• "아! 아! 아!" 스타카토로 세 음절의 소리를 내자. 이때 숨을 들이마시고, "아!" 하고 다시 숨을 들이마시고, "아!" 하고 다시 숨을 들이마시고, "아!" 하고 뺄자.

③ 단어 전체 배짜기 연습법

• "안녕하세요."라는 단어를 숨을 들이마신 다음, 배를 짜면서 말해보자.

• "반갑습니다."라는 단어를 숨을 들이마신 다음, 배를 짜면서 말해보자.

• "사랑합니다."라는 단어를 숨을 들이마신 다음, 배를 짜면서 말해보자.

시계 초침
연습법

❶ 훈련 방법

- 시계의 초침을 바라본다.
- 배까지 숨을 깊게 들이마신 다음, "아~~" 하고 20초간 소리 내어본다.
- 다시 한 번 더 깊게 숨을 들이마시고 "안녕하세요, 안녕하세요, 안녕하세요." 반복하며 25초간 소리 내어준다.
- 다시 한 번 더 깊게 숨을 들이마시고 "아~~" 하고 30초간 소리 내어준다.
- 다시 한 번 더 깊게 숨을 들이마시고 "아~~" 하고 40초간 소리 내어준다.

목이 금방 쉬는 사람들의 대부분은 교사나 강사, 서비스업 등 목을 많이 쓰는 직종에 계신 분들이 많다. 목이 쉬었다고 해서 말을 안 할 수 없는, 그래서 목을 혹사시키면서 계속 말을 하는 분들이 대부분이다. 건강한 성대를 만들기 위해서는 반드시 목이 아닌 배에 힘을 주며 말을 해야 한다. 우리 몸에는 소리를 크게 하는 마이크가 2군데 있다. 하나는 복식호흡이고, 다른 하나는 입 크게 벌리기다. 이 2가지만 의식한다면 훨씬 목이 편안해질 수 있다. 또한 자신의 몸에 맞는 공명점을 찾는다면 더욱 금상첨화일 것이다.

voice
training

5장

목이 금방 쉬고 갈라져요

트레이닝 58

복식호흡
훈련

☑ 훈련 포인트

일단 손을 아래 마지막 갈비뼈부터 배꼽 5cm 아래까지에 갖다 댄다. 그다음 심장 집중 호흡을 5회 이상 실시한다. 심장 집중 호흡을 하는 방법은 다음과 같다.

🎤 훈련 방법

- 배까지 숨을 깊게 5초간 들이마신 다음, 다시 5초간 내쉰다.
- 이때 배에 숨이 들어가는 것과 나가는 것을 하나씩 느껴본다.
- 숨을 한꺼번에 들이마시고 뱉지 않도록 주의한다.

목소리 고민을 해결하는 케이스 클리닉

■ 누워서 하는 복식호흡

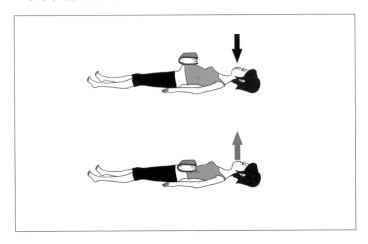

- 호흡은 가슴이 아닌 배로 담고 뱉는 것을 느껴보자.
- 배까지 숨을 채운 다음, 낮은 톤으로 "아~"하고 숨이 다 나갈 때까지 소리를 내보자.
- 다시 한 번 숨을 들이마시고 조금 전보다 더 낮게 "아~"하고 소리를 내보자.
- 이때 숨이 어디에 담기고, 소리를 낼 때 근육의 어느 부분이 움직이는지 관찰해보자.

◉ 훈련 예문

배까지 숨을 깊게 들이마신 다음, 소리를 내어보자.

"아~~"

"음~~"

"와~~"

"오~~"

"우~~"

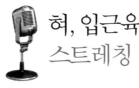

혀, 입근육
스트레칭

● 훈련 포인트

발성은 턱을 아래로 내리고, 그 내려간 공간에 혀가 머무를 수
있도록 해줘야 한다.

● 훈련 효과

발성은 소리의 크기를 말한다. 좋은 발성을 우리는 '공명(共鳴)'
이라고 말한다. 공명의 울림소리를 만들기 위해서는 기본적으
로 입안을 크게 해줘야 한다. 입안을 크게 해주려면 무엇보다
턱을 아래로 내려 공간을 확보한 다음, 혀가 중간에 뜨지 않고

아래에 머무르며 말을 해야 한다. 그래야 혀 윗 공간에 울림존
이 만들어져 더 좋은 소리가 나갈 수 있다.

❶ 훈련 방법

- 일단 하품을 크게 해보자. 하품을 하게 되면 턱이 최대한 아래로 내려가 공간을 확보할 수 있다.
- '안녕하세요.'에 있는 모음 'ㅏ, ㅕ, ㅏ, ㅔ, ㅛ'을 정확히 소리 내면서 "안녕하세요."라고 말해보자.
- '아'는 양치질 할 때 입모양을 아래 위로 크게 벌려주는 것과 비슷하다. 입안을 크게 벌려주자. 턱을 완전히 아래로 빼서 계란이 세워진 모양으로 입모양을 만들어줘야 한다.
- '에'는 입을 가로로 벌려주는 입모양이다. 입꼬리가 미소 짓듯 위로 향해야 한다. 이때 혀가 입 밖으로 나와서는 안 된다. 그러면 혀 짧은 소리가 날 수 있다. 혀는 입을 벌려준 상황에서 뜨지 않게 내려준다.
- '이'는 입을 가로로 쭉 찢는 느낌으로, 'ㅔ'보다 입꼬리에 힘이 더 가해진다.
- '오'는 입을 모아 입술로 원을 그린다고 생각해보자.

'아'의 입모양

'여'의 입모양

'에'의 입모양

'요'의 입모양

• '우'는 오리 입처럼 입술을 앞으로 내밀어주자. 이때 윗니와
  아랫니는 벌어져야 한다. 그런 상태에서 울림이 있는 '우' 소
  리를 내보자.

목소리는 진정한 자기 찾기의 시작이다.
기존의 말하던 습관에서 벗어나
내 안에 잠든 목소리를 깨워보자.

공명점 찾기
훈련

● 훈련 포인트

내 몸에 맞는 키톤을 찾아보자. 내 몸에서 소리가 나오는 공명점을 찾으면 된다. 키톤을 찾으면 고음이나 저음도 무리 없이 낼 수 있으며, 자기 스스로 울림을 만들어내기 때문에 성대의 피로도도 낮추면서 정확한 소리를 얻을 수 있다.

❶ 훈련 방법

그럼 자신의 키톤(공명점)을 찾기 위해서는 어떻게 해야 할까? 먼저 복식호흡존에 숨을 채운 다음, 갈비뼈가 갈라지는 명치(Y

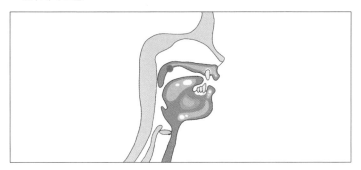

존)에 손가락을 갖다 댄다. "음~"이라는 소리를 내보자. 공명점에 양쪽 손가락으로 계속 압력을 주자. 이때 소리를 내면서 배를 손가락으로 눌러보자. 울림이 큰 것이 느껴지는가? Y존이 아닌 다른 곳을 손가락으로 눌러보자. 가운데 명치(Y존)를 눌렀을 때의 울림이 더 크다는 것을 알 수 있다.

❌ 주의사항

공명점 누르기 훈련을 할 때 꼭 주의해야 하는 것이 있다. 바로 입모양을 동그랗게 만드는 것이다. 입안에서 소리가 더욱 진동할 수 있도록 입안을 크게 벌려주자. 입을 벌린 다음 혀를 내려 완전히 입 뒤쪽이 열리는 연구개(물렁 입천장)로 만들어주자. 입

■ 키톤을 손가락으로 누르는 모습

안이 완전히 열리게 되면 목젖이 보일 정도로 입을 크게 벌려주
자. 그다음 배에 숨을 채우고 자신의 키톤을 누르며 한껏 "아~~"
하고 소리를 내보자.

배우 이병헌과 한석규. 아나운서 김주하와 박혜진 등처럼 중저음의 멋진 공명 목소리를 갖고 싶지 않은가? 그럼 다음의 3가지만 연습하면 된다. 일단 복식호흡이다. 숨을 배까지 충분히 담고 가득 끌어올리면 당연히 목소리가 풍성해진다. 또한 입안의 아치를 넓혀 충분히 진동하게 해주면 더욱 소리는 울려 퍼지게 된다. 또한 말을 할 때 '채운다→누른다→보낸다'. 이 3가지를 지키면 발성 훈련을 할 때뿐만 아니라 사람들과 말을 할 때도 중저음의 멋진 목소리가 나올 것이다.

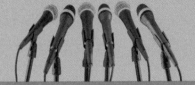

voice
training

6장

중저음의 목소리를
만들고 싶어요

복식호흡
훈련

✔ 훈련 포인트

일단 손을 아래 마지막 갈비뼈부터 배꼽 5cm 아래까지에 갖다 댄다. 그다음 심장 집중 호흡을 5회 이상 실시한다. 심장 집중 호흡을 하는 법은 다음과 같다.

🎤 훈련 방법

- 배까지 숨을 깊게 5초간 들이마신 다음, 다시 5초간 내쉰다.
- 이때 배에 숨이 들어가는 것과 나가는 것을 하나씩 느껴본다.
- 숨을 한꺼번에 들이마시고 뱉지 않도록 주의한다.

■ 누워서 하는 복식호흡

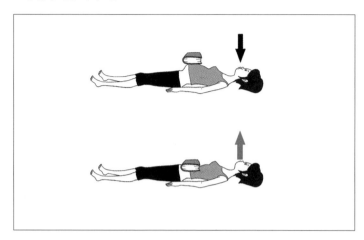

- 호흡을 가슴이 아닌 배로 담고 뱉는 것을 느껴보자.
- 배까지 숨을 채운 다음, 낮은 톤으로 "아~" 하고 숨이 다 나갈 때까지 소리를 내보자.
- 다시 한 번 숨을 들이마시고 조금 전보다 더 낮게 "아~" 하고 소리를 내보자.
- 이때 숨이 어디에 담기고, 소리를 낼 때 근육의 어느 부분이 움직이는지 관찰해보자.

● 훈련 예문

배까지 숨을 깊게 들이마신 다음, 소리를 내어보자.

"아~~"

"음~~"

"와~~"

"오~~"

"우~~"

트레이닝
62
입안의 아치
넓히기 훈련

◉ **훈련 포인트**

입안의 아치를 넓히고 높이는 것만으로도 발성은 좋아진다.

◉ **훈련 효과**

발성은 소리의 크기를 말한다. 좋은 발성을 우리는 '공명(共鳴)'
이라고 말한다. 공명의 울림소리를 만들기 위해서는 기본적으
로 입안의 아치가 넓어지는 것이 중요하다. 개업하는 곳에 가보
면 풍선으로 동그랗게 아치를 만들어놓는 광고물을 자주 볼 수
있다. 풍선의 동그라미 모양이 바로 아치다. 아치는 입을 크게

벌렸을 때 목구멍과 목젖이 만드는 모양으로, 목젖을 위로 들어 아치의 모양을 크게 해줄 때 좋은 소리가 나온다.

❗ 훈련 방법

거울을 앞에 두고 입안을 벌려 "아~"라고 소리 내어보자. 만약 이때 목젖이 보이지 않으면 너무 톤이 높은 것이다. 편안한 저음으로 "아~"라고 소리를 내주면 혀가 아래로 내려가며 목의 아치가 보인다. 입을 양쪽으로 더 벌린 다음 "아~"라고 다시 한 번 말해주자. 그럼 아치가 좀 전보다 훨씬 넓고 높아지는 것이 느껴질 것이다. 그다음 더 입모양을 크게 벌려 "아~"라고 소리 내어보자. 그럼 훨씬 더 높고 넓어진 아치를 볼 수 있을 것이다.

▶ 훈련 예문

"아~아~~" 하고 소리를 내면서 조금씩 입모양을 더 크게 벌려 보자.
"음~아~~" 하고 소리를 내면서 조금씩 입모양을 더 크게 벌려 보자.

"음~아~~" 하고 소리를 내면서 조금씩 입모양을 더 크게 벌려
보자.

"이~아~~" 하고 소리를 내면서 조금씩 입모양을 더 크게 벌려
보자.

"에~아~~" 하고 소리를 내면서 조금씩 입모양을 더 크게 벌려
보자.

"와~아~~" 하고 소리를 내면서 조금씩 입모양을 더 크게 벌려
보자.

"워~아~~" 하고 소리를 내면서 조금씩 입모양을 더 크게 벌려
보자.

"외~아~~" 하고 소리를 내면서 조금씩 입모양을 더 크게 벌려
보자.

"위~아~~" 하고 소리를 내면서 조금씩 입모양을 더 크게 벌려
보자.

발음은 아무리 강조해도 지나치지 않다.
보다 정확한 발음은 좀더 빠르게 소통의 길을 걷게 한다.

채누보의
원칙

● 훈련 포인트

복식호흡도 중요하지만 더 중요한 것은 복식호흡으로 명상하
는 것이 아니라 말을 하는 것이다. 복식호흡을 할 줄 알면서도
말을 할 때는 흉식으로 하는 사람들이 많다. 소리의 시작은 배
다. 이 사실을 절대 잊지 말자.

● 훈련 효과

복식호흡을 통해 말하기에 도전해보자. 이때 지켜야 하는 원칙
이 바로 채누보의 원칙이다. 숨을 소리로 바꾸는 채누보의 원칙

은 다음과 같다.

- 채운다. 숨을 마지막 갈비뼈부터 배꼽 5cm 아래 부분까지 채운다.
- 누른다. 목을 누르는 것이 아니라 배를 누르면서 조금씩 숨을 입으로 끌어올려 뺀다.
- 보낸다. 그 소리를 멀리 보낸다. 그럼 복식호흡으로 말하는 것이 된다.

❶ 훈련 방법

심장 집중 호흡을 5회 이상 실시한다.

숨을 배까지 깊숙이 채우고 그 숨을 위로 끌어올리며 "아~~" 하고 소리를 내자.

숨을 배까지 깊숙이 채우고 그 숨을 위로 끌어올리며 "오~~" 하고 소리를 내자.

숨을 배까지 깊숙이 채우고 그 숨을 위로 끌어올리며 "우~~" 하고 소리를 내자.

숨을 배까지 깊숙이 채우고 그 숨을 위로 끌어올리며 "이~~"

하고 소리를 내자.

숨을 배까지 깊숙이 채우고 배근육으로 배를 누르며 "아!" 하고 스타카토로 소리를 내자.

숨을 배까지 깊숙이 채우고 배근육으로 배를 누르며 "오!" 하고 스타카토로 소리를 내자.

숨을 배까지 깊숙이 채우고 배근육으로 배를 누르며 "우!" 하고 스타카토로 소리를 내자.

숨을 배까지 깊숙이 채우고 배근육으로 배를 누르며 "이!" 하고 스타카토로 소리를 내자.

숨을 배까지 깊숙이 채우고 배근육으로 배를 누르며 "안녕(안녀엉~~)" 하고 소리를 위로 끌어올리자.

숨을 배까지 깊숙이 채우고 배근육으로 배를 누르며 "안녕하세요~~"라고 소리를 위로 끌어올리자.

발음이 부정확한 사람들은 무조건 입근육을 크게 움직여 소리를 내주는 것이 가장 중요하다. 입 가장 자리가 피가 날 정도로 크게 벌리며 트레이닝을 해보자. 또한 발음은 기본적인 발성의 도움 없이는 크게 음가가 날 수 없다. 기본적인 복식호흡 훈련을 통해 발성의 도움을 받아보자. 또한 강약 프로소디 연습법으로 강하게 전달해야 하는 내용에 힘을 실으면 발음이 훨씬 정확하게 전달될 수 있다.

voice
training

7장

정확한 발음을 갖고 싶어요

혼동하기 쉬운
모음 익히기

☑ 훈련 포인트

'에'와 '애'를 헷갈려 하는 분들이 많다. 쉽게 말하면 '에'는 '이'의 입모양과 비슷하고, '애'는 '아'와 입모양이 비슷하다.

🎤 훈련 방법

한번 발음을 해보자. '에'보다 '애'의 입모양이 훨씬 더 크다는 것을 알 수 있다. '내가'를 발음할 때 '네가'라고 입모양이 작게 하면 안 된다. '외'는 '오 → 이'라고 발음해보자. 이때의 입모양이 바로 '외'다. '왜'는 '오 → 아 → 이'로 발음해보자. '웨'는 '우

→어 → 이'로 차례대로 발음을 해보면 '웨'의 음가를 정확히 알 수 있다. '위'는 '우→이'로 차례대로 발음을 해보자.

● 훈련 예문

에	베:다, 세:다, 세:개, 제:비, 게:재, 세:상, 네:개, 제:조, 제:자
	베옷, 메밀, 체조, 네 것, 제육, 겨레, 메우다, 에이다, 메주
애	애:국가, 애:쓰다, 애:옷, 매:달, 대:학교, 대:리, 새:털, 해:방
	애기, 매매, 재주, 재판, 내리다, 생선, 재수, 대장간, 바래다
외	외교관, 외상, 외로움, 외치다, 외설, 외국, 외삼촌, 외빈, 외야석
	외숙, 외선녀, 외식, 외딸, 외지다, 외우다, 외화, 왼손, 왼편, 왼발
왜	왜, 왜 그럴까? 왜정, 쇄골, 쇄골호흡, 왱왱 울다, 왜놈, 왜 일어나
웨	웨어, 웨스트, 웨이스트, 노르웨이, 웨이퍼, 웨트, 웬걸, 초췌한
위	위로, 위상, 위법, 위탁, 위험하다, 위인, 위장, 위신, 위선, 위조
	위생학, 위성도시, 위세, 위아래, 위도, 위계, 윗자리, 위탁 판매

트레이닝
65

복식호흡
훈련

✔ 훈련 포인트

일단 손을 아래 마지막 갈비뼈부터 배꼽 5cm 아래까지에 갖다 댄다. 그다음 심장 집중 호흡을 5회 이상 실시한다. 심장 집중 호흡을 하는 방법은 다음과 같다.

🎤 훈련 방법

- 배까지 숨을 깊게 5초간 들이마신 다음 다시 5초간 내쉰다.
- 이때 배에 숨이 들어가는 것과 나가는 것을 하나씩 느껴본다.
- 숨을 한꺼번에 들이마시고 뱉지 않도록 주의한다.

■ 누워서 하는 복식호흡

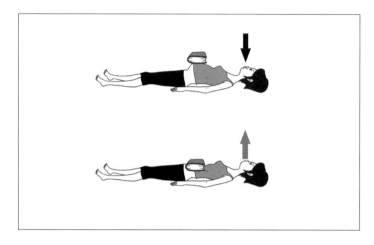

• 호흡을 가슴이 아닌 배로 담고 뱉는 것을 느껴보자.

• 배까지 숨을 채운 다음, 낮은 톤으로 "아~" 하고 숨이 다 나갈 때까지 소리를 내보자.

• 다시 한 번 숨을 들이마시고 조금 전보다 더 낮게 "아~" 하고 소리를 내보자.

• 이때 숨이 어디에 담기고, 소리를 낼 때 근육의 어느 부분이 움직이는지 관찰해보자.

배까지 숨을 깊게 들이마신 다음 소리를 내어보자.

"아~~"

"음~~"

"와~~"

"오~~"

"우~~"

좋은 목소리도 기술이다.
기술을 익히는 데 가장 좋은 방법은 '반복'뿐이다.

강약 프로소디 연습법

◎ 훈련 포인트

프로소디(prosody)는 기본적으로 '운율'이라는 뜻으로, 문장을 말할 때 강약을 넣어 내가 강조하는 메시지를 명확히 드러내는 것을 말한다. 어디에 강한 프로소디를 넣어주느냐에 따라 메시지가 달라진다.

◎ 훈련 효과

소리가 작은 사람들 또한 목소리가 단조로운 사람들을 보면 프로소디 없이 단조롭게 말하는 사람들이 대부분이다. 내가 말하고자 하는 핵심 메시지에 강약의 프로소디를 자연스럽게 넣으면 전체적으로 메시지의 전달력이 좋아진다.

❶ 훈련 방법

목소리 안에 강약을 만든다는 것은 숨을 배까지 채운 다음, 그 숨을 배근육으로 조절해 숨을 많이 빼고 적게 빼는 과정을 말한다. 문장 안에 어떤 내용을 강조할 것인지 정한 다음, 그 단어를 말할 때 배근육을 강하게 눌러 호흡을 빼자. 하지만 문장에서 약하게 발음해야 하는 단어에는 숨을 많이 빼지 말자. 이렇게 경제적으로 소리를 내야 내가 갖고 있는 호흡으로 충분히 긴 문장을 안정감 있게 말할 수 있다.

▶ 훈련 예문

그가 이 가방을 제인에게 주고 있다. (다른 사람이 아니라 '그'가 가방을 주는 것)

그가 이 **가방을** 제인에게 주고 있다. (그가 다른 것이 아니라 '가방'을 주는 것)

그가 이 가방을 **제인에게** 주고 있다. (그가 이 가방을 다른 사람이

아닌 '제인에게' 주는 것)

그가 이 가방을 제인에게 **주고** 있다. (그가 이 가방을 제인에게 받는 것이 아니라 주고 있는 것)

예문 중에서 진하게 쓰여진 단어에 배근육을 수축시켜 강하게 소리를 내주자. 그러면 훨씬 메시지의 의미전달이 잘 될 것이다. 이렇게 프로소디를 어디에 주는지에 따라 메시지의 내용이 달라진다.

❌ 주의사항

프로소디를 넣을 때 강하게 할 때는 강하게, 약하게 할 때는 약하게 하는 것이 중요하다. 보통 '강하게 소리를 낸다'라고 생각하며 소리를 내는데 별로 소리가 크지 않은 경우가 대부분이다. '어색하지 않다'는 것은 '잘 훈련되어졌다'가 아니라 '예전으로 돌아간 것이다'라고 생각하자. 프로소디의 강약이 드러나려면 정말 어색할 정도로 크게 강약을 표현해야 한다.

트레이닝 전과 후의
목소리를 비교해보자

벌써 책 말미에 왔다. 지금까지 목소리 훈련을 한 효과가 있는지 확인해보는 시간이다. 책 맨 처음에 자신의 목소리를 녹음했던 것처럼 똑같은 원고를 다시 한번 녹음해보자. 한결 달라진 나의 목소리를 발견할 수 있을 것이다.

내 목소리가 어떻게 달라졌는지 내 귀로는 정확하게 듣고 확인할 수 없다. 반드시 녹음을 해서 들어야 객관화해서 들을 수 있기 때문이다. 너무 처음부터 욕심 갖지 말자. 목소리는 기술과 마음만 있으면 변화할 수 있다. 기술을 훈련하는 데 가장 좋은 방법은 '반복 훈련'임을 잊지 말자.

원고 1 ▶ 나는 좋은 목소리를 낼 수 있다.

안녕하십니까? ○○○입니다. 나는 **호:감 가는 목소리**를 만들고 싶다. **호감 가는 목소리**를 만들기 위해서는 **첫째,** 목소리 안에 **울림이** 가득해야 한다. 둘째, 소리가 **동그랗게** 표현되어야 한다. 셋째, 마지막으로 **긍:정과 열정이** 가득한 **리듬을** 넣어야 한다. 난 반드시 **연:습을** 통해 **좋:은 목소리**를 낼 수 있다.

원고 2 ▶ 특성화 고등학교 취업률 증가

과:거 **실업계** 고등학교로 불리던 **특성화** 고등학교 졸업생의 **취:업률이** 점차 늘고 있는 추세입니다. **특성화고**를 선:택하는 학생들의 **성적과 지원율도** 높아지고 있어 **고무적이**라는 분석입니다. **박종혁** 기자가 보:도합니다.

특성화 고등학교 학생들이 수업 시간에 **빵** 굽기며 **한:식** 만들기에 여념이 없습니다. **상업** 전공 교실에서는 **회:계** 관련 지식을 배우는 학생들의 눈이 **초롱초롱** 빛납니다. 이 학교는 몇 년 전만 해도 학생의 **90% 이상이 대:학에 진:학**했습니다. 그러나 **취업률이** 2년 전 **34%**로 늘더니 지난해에는 **57%**에 달했습니다. 올해도 벌써부터 **은행이나 대:기업의** 사:무직 고졸 신입사원 **채:용에 합격**하는 등 취업률이 **65%**에 이를 것으로 예:상하고 있습니다.

목소리 진단 평가표를
작성해보자

본격적인 목소리 훈련을 하기 전 자신의 음성을 진단해보자. 전
장에서 녹음한 목소리를 들으며 다음의 목소리 진단 평가표에
점수를 체크해보자. 질문에 대해 '그렇다'라고 생각할수록 높은
점수를 주면 된다.

55점 이상   당신은 정말 멋진 목소리를 가졌습니다.

45점~54점   당신은 좋은 목소리를 가졌습니다.

30점~44점   당신은 좀더 멋진 목소리를 갖기 위해서 목소리 트레이닝이 필요합
니다.

20점~29점   당신은 편안하고 매력적인 자신의 목소리를 찾아야 합니다.

10점~19점   당신은 자신의 목소리를 찾아 자신감을 회복해야 합니다.

0점~9점   당신은 목소리를 내기가 많이 불편할 것입니다. 목소리 훈련이 반드
시 필요합니다.

목소리(음성) 진단 평가표

발음	입모양을 정확히 벌려 말하는가?	1	2	3
	혀를 바닥에 깔면서 말하는가?	1	2	3
	첫 음절에 강한 악센트를 주었는가?	1	2	3
	"안녕하십니까?"에서 '녕'의 'ㅇ' 받침을 명확하게 소리 냈는가?	1	2	3
	'가득해야'를 '가드캐야'라고 소리 냈는가?	1	2	3
	'동그랗게'를 '동그라케'라고 소리 냈는가?	1	2	3
	'표현'을 '포현'이 아닌 '표현'이라고 소리 냈는가?	1	2	3
	'실업계'를 '시럽꼐'라고 정확히 소리 냈는가?	1	2	3
	'회계'를 '해계'가 아닌 '회계'라고 소리 냈는가?	1	2	3
발성	혼잣말 할 때 소리 크기가 1이라면 3 이상으로 말했는가?	1	2	3
	소리에 힘이 느껴졌는가?	1	2	3
	문장의 중요한 단어에 맞춰 강하게 악센트를 넣었는가?	1	2	3
	소리를 시작할 때 숨이 배 아래에 있었는가?	1	2	3
	말끝이 흐려지지 않고 끝까지 힘이 지속되었는가?	1	2	3
	두꺼운 중저음의 울림 목소리가 많이 느껴졌는가?	1	2	3
	자신의 몸에 맞는 톤으로 말하고 있다는 생각이 드는가?	1	2	3
	소리를 배에서 목구멍까지 위로 끌어올렸는가?	1	2	3
호흡	원고를 읽을 때 어디에 숨을 담았는지 알아차렸는가?	1	2	3
	말을 할 때 숨이 길게 쭉쭉 뽑아지는 느낌이 드는가?	1	2	3
	말을 할 때 숨이 차지 않고 자연스러운가?	1	2	3
	전체적으로 목소리가 안정되어 있다는 생각이 드는가?	1	2	3
총점	각각의 점수를 합산해 총점을 산출하세요.			
	총 21개의 문항 (63점 만점)			점

발음에 대한
표준어 규정

표준어 규정, 보기만 해도 참 어렵다는 생각이 든다. '제몇항' 이런 내용들은 '아~ 이렇구나'라고 한 번 보면 되고, 그 아래에 써 놓은 예문들만 소리 내서 읽어보자. 계속 소리 내어 읽다보면 자연스럽게 입에 익게 된다.

제8항   받침소리로는 'ㄱ, ㄴ, ㄷ, ㄹ, ㅁ, ㅂ, ㅇ'의 일곱 개 자음만 발음한다.

제9항   받침 'ㄲ, ㅋ', 'ㅅ, ㅆ, ㅈ, ㅊ, ㅌ', 'ㅍ'은 어말 또는 자음 앞에서 각각 대표음 [ㄱ, ㄷ, ㅂ]으로 발음한다.

닦다[닥따]   키읔[키윽]   키읔과[키윽꽈]

웃다[욷:따]   있다[읻따]

젖[젇]   빚다[빋따]   꽃[꼳]

쫓다[쫃따]   솥[솓]   뱉다[밷:따]

앞[압]   덮다[덥따]

제10항 겹받침 'ㄳ', 'ㄵ', 'ㄼ, ㄽ, ㄾ', 'ㅄ'은 어말 또는 자음 앞에
서 각각 [ㄱ, ㄴ, ㄹ, ㅂ]으로 발음한다.

넋[넉]   넋과[넉꽈]   앉다[안따]

여덟[여덜]   넓다[널따]   외곬[외골]

핥다[할따]   값[갑]

다만, '밟-'은 자음 앞에서 [밥]으로 발음하고, '넓-'은 다음과
같은 경우에 [넙]으로 발음한다.

(1) 밟다[밥:따]   밟소[밥:쏘]   밟지[밥:찌]

밟는[밥:는 → 밤:는]   밟게[밥:께]   밟고[밥:꼬]

(2) 넓-죽하다[넙쭈카다]   넓-둥글다[넙뚱글다]

[:]표시는 장음 표시이므로 길게 발음해줘야 한다.

제11항 겹받침 'ㄺ, ㄻ, ㄿ'은 어말 또는 자음 앞에서 각각 [ㄱ,
ㅁ, ㅂ]으로 발음한다.

닭[닥]	흙과[흑꽈]	맑다[막따]
늙지[늑찌]	삶[삼:]	젊다[점:따]
읊고[읍꼬]	읊다[읍따]	

다만, 용언의 어간 발음 '래'은 'ㄱ' 앞에서 [ㄹ]로 발음한다.

맑게[말께]	묽고[물꼬]	얽거나[얼꺼나]

제12항 받침 'ㅎ'의 발음은 다음과 같다.

1. 'ㅎ(ㄶ, ㅀ)' 뒤에 'ㄱ, ㄷ, ㅈ'이 결합되는 경우에는 뒤 음절 첫
소리와 합쳐서 [ㅋ, ㅌ, ㅊ]으로 발음한다.

놓고[노코]	좋던[조:턴]	쌓지[싸치]
많고[만:코]	않던[안턴]	닳지[달치]

[붙임 1] 받침 'ㄱ(ㄺ), ㄷ, ㅂ(ㄼ), ㅈ(ㄵ)'이 뒤 음절 첫소리 'ㅎ'
과 결합되는 경우에도 역시 두 소리를 합쳐서 [ㅋ, ㅌ, ㅍ, ㅊ]
으로 발음한다.

각하[가카]	먹히다[머키다]	밝히다[발키다]
맏형[마]	좁히다[조피다]	넓히다[널피다]
꽂히다[꼬치다]	앉히다[안치다]	

[붙임 2] 규정에 따라 'ㄷ'으로 발음되는 'ㅅ, ㅈ, ㅊ, ㅌ'의 경우
에는 이에 준한다.

옷 한 벌[오탄벌] 낮 한때[나탄때] 꽃 한 송이[꼬탄송이]
숱하다[수타다]

2. 'ㅎ(ㄶ, ㅀ)' 뒤에 'ㅅ'이 결합되는 경우에는 'ㅅ'을 [ㅆ]으로
발음한다.
닿소 [다쏘]   많소[만ː쏘]   싫소[실쏘]

3. 'ㅎ' 뒤에 'ㄴ'이 결합되는 경우에는 [ㄴ]으로 발음한다.
놓는[논는]   쌓네[싼네]
[붙임] 'ㄶ, ㅀ'뒤에 'ㄴ'이 결합되는 경우에는 'ㅎ'을 발음하지
않는다.
않네[안네]   않는[안는]   뚫네[뚤네 → 뚤레]
뚫는[뚤는 → 뚤른]
* '뚫네[뚤네 → 뚤레], 뚫는[뚤는 → 뚤른]'에 대해서는 제20항 참조.

4. 'ㅎ(ㄶ, ㅀ)' 뒤에 모음으로 시작된 어미나 접미사가 결합되
는 경우에는 'ㅎ'을 발음하지 않는다.
낳은[나은]   놓아[노아]   쌓이다[싸이다]
많아[마ː나]   않은[아는]   닳아[다라]

싫어도[시러도]

제13항 홑받침이나 쌍받침이 모음으로 시작된 조사나 어미, 접
　　　미사와 결합되는 경우에는 제 음가대로 뒤 음절 첫소리
　　　로 옮겨 발음한다.

　　　깎아[까까]　　　옷이[오시]　　　있어[이써]

　　　낮이[나지]　　　꽂아[꼬자]　　　꽃을[꼬츨]

　　　쫓아[쪼차]　　　밭에[바테]　　　앞으로[아프로]

　　　덮이다[더피다]

제14항 겹받침이 모음으로 시작된 조사나 어미, 접미사와 결합
　　　되는 경우에는 뒤의 것만을 뒤 음절 첫소리로 옮겨 발
　　　음한다(이 경우 'ㅅ'은 된소리로 발음함).

　　　넋이[넉씨]　　　앉아[안자]　　　닭을[달글]

　　　젊어[절머]　　　곬이[골씨]　　　핥아[할타]

　　　읊어[을퍼]　　　값을[갑쓸]　　　없어[업ː써]

제15항 받침 뒤에 모음 'ㅏ, ㅓ, ㅗ, ㅜ, ㅟ'로 시작되는 실질 형
　　　태소가 연결되는 경우에는 대표음으로 바꾸어서 뒤 음

절 첫소리로 옮겨 발음한다.

　　밭 아래[바다래]　　늪 앞[느밥]　　젖어미[저더미]

　　맛없다[마덥따]　　겉옷[거돋]　　헛웃음[허두슴]

　　꽃 위[꼬뒤]

다만, '맛있다, 멋있다'는 [마싣따], [머싣따]로도 발음할 수 있다.

[붙임] 겹받침의 경우에는 그 중 하나만을 옮겨 발음한다.

　　넋 없다[너겁따]　　닭 앞에[다가페]　　값어치[가버치]

　　값 있는[가빈는]

제16항 한글 자모의 이름은 그 받침 소리를 연음하되, 'ㄷ, ㅈ,
　　　　ㅊ, ㅋ, ㅌ, ㅍ, ㅎ'의 경우에는 특별히 다음과 같이 발음
　　　　한다.

　　디귿이[디그시]　　디귿을[디그슬]　　디귿에[디그세]

　　지읒이[지으시]　　지읒을[지으슬]　　지읒에[지으세]

　　치읓이[치으시]　　치읓을[치으슬]　　치읓에[치으세]

　　키읔이[키으기]　　키읔을[키으글]　　키읔에[키으게]

　　티읕이[티으시]　　티읕을[티으슬]　　티읕에[티으세]

　　피읖이[피으비]　　피읖을[피으블]　　피읖에[피으베]

　　히읗이[히으시]　　히읗을[히으슬]　　히읗에[히으세]

임유정의 목소리 트레이닝

초판 1쇄 발행 2014년 2월 20일
2판 3쇄 발행 2022년 2월 3일
지은이 임유정
펴낸곳 원앤원북스
펴낸이 오운영
경영총괄 박종명
편집 최윤정 · 김형욱 · 이광민 · 김상화
디자인 윤지예 · 이영재
마케팅 송만석 · 문준영 · 이지은
디지털콘텐츠 윤기현
등록번호 제2018-000058호(2018년 1월 23일)
주소 04091 서울시 마포구 토정로 222 한국출판콘텐츠센터 319호(신수동)
전화 (02)719-7735 | **팩스** (02)719-7736
이메일 onobooks2018@naver.com | **블로그** blog.naver.com/onobooks2018
값 16,000원
ISBN 979-11-89344-41-2 03320

이 도서의 국립중앙도서관 출판예정도서목록(CIP)은 서지정보유통지원시스템 홈페이지(http://seoji.nl.go.kr)와
국가자료공동목록시스템(http://www.nl.go.kr/kolisnet)에서 이용하실 수 있습니다.(CIP제어번호: CIP2019000385)

* 원앤원북스는 독자 여러분의 소중한 아이디어와 원고 투고를 기다리고 있습니다.
  원고가 있으신 분은 onobooks2018@naver.com으로 간단한 기획의도와 개요, 연락처를 보내주세요.